Python
金融大数据分析
快速入门与案例详解

张颖 ◎ 著

内 容 提 要

本书共分为11章，全面介绍了以Python为工具的金融大数据的理论和实践，特别是量化投资和交易领域的相关应用，并配有项目实战案例。书中涵盖的内容主要有Python概览，结合金融场景演示Python的基本操作，金融数据的获取及实战，MySQL数据库详解及应用，Python在金融大数据分析方面的核心模块详解，金融分析及量化投资，Python量化交易，数据可视化Matplotlib，基于NumPy的股价统计分析实战，基于Matplotlib的股票技术分析实战，以及量化交易策略实战案例等。

本书内容通俗易懂，案例丰富，实用性强，特别适合以下人群阅读：金融行业的从业者、数据分析师、量化投资者、希望提高数据分析能力的投资者，以及对大数据分析感兴趣的编程人员。另外，本书也适合作为相关培训机构的教材。

图书在版编目(CIP)数据

Python金融大数据分析快速入门与案例详解 / 张颖著. —— 北京：北京大学出版社，2024. 10. —— ISBN 978-7-301-35569-5

Ⅰ. F830.41-39

中国国家版本馆CIP数据核字第20243X32X6号

书　　　名	**Python金融大数据分析快速入门与案例详解** Python JINRONG DASHUJU FENXI KUAISU RUMEN YU ANLI XIANGJIE
著作责任者	张　颖　著
责任编辑	孙金鑫
标准书号	ISBN 978-7-301-35569-5
出版发行	北京大学出版社
地　　　址	北京市海淀区成府路205号　100871
网　　　址	http://www.pup.cn　　新浪微博:@北京大学出版社
电子邮箱	编辑部 pup7@pup.cn　总编室 zpup@pup.cn
电　　　话	邮购部 010-62752015　发行部 010-62750672　编辑部 010-62570390
印　刷　者	北京鑫海金澳胶印有限公司
经　销　者	新华书店
	787毫米×1092毫米　16开本　13.25印张　319千字
	2024年10月第1版　2024年10月第1次印刷
印　　　数	1-3000册
定　　　价	69.00元

未经许可，不得以任何方式复制或抄袭本书之部分或全部内容。

版权所有，侵权必究

举报电话：010-62752024　电子邮箱：fd@pup.cn

图书如有印装质量问题，请与出版部联系，电话：010-62756370

前言 PREFACE

大数据分析技术的前景

在当今这个信息爆炸的时代，数据已经成了我们生活中不可或缺的一部分。随着科技的飞速发展，大数据分析技术应运而生，为各行各业带来了前所未有的变革。金融行业作为全球经济的核心，对数据十分依赖。因此，掌握大数据分析技术对于金融从业者来说具有重要的现实意义和广阔的发展前景。

Python作为一种简单易学、功能强大的编程语言，已经成了大数据分析领域的主流工具。本书旨在帮助读者快速掌握Python在大数据分析领域的应用，特别是在金融领域的实践技巧。通过对本书的学习，读者能够熟练运用Python进行金融数据的处理、分析和挖掘，为企业和个人提供有价值的决策依据。

在未来的金融市场中，大数据技术将发挥越来越重要的作用。掌握大数据分析技能，不仅能够帮助金融从业者更好地应对市场变化、提高投资回报，还能够为企业和个人提供更加精准的决策依据。而且Python已经成为商业数据分析的重要工具，熟练运用Python进行数据分析是应聘数据分析岗位的加分项。因此，学习Python金融大数据分析无疑是一个明智的选择。

笔者的应用体会

作为长期从事金融数据分析的专业人士，笔者有幸将自己在这个行业中的经验融入这本书中，希望能够为读者提供一份实用且易于理解的学习资源。

Python作为一种高级编程语言，因简洁明了的语法和强大的数据处理能力在金融数据分析领域得到了广泛的应用。通过运用Python，我们可以快速地处理大量的金融数据，进行复杂的数据分析和模型建立，从而为决策提供有力的支持。

此外，Python的生态系统非常丰富，有许多优秀的数据分析和机器学习库，如NumPy、Pandas、Matplotlib等，这些库为我们提供了丰富的工具，使数据分析变得更加简单和高效。

在编写这本书的过程中，笔者尽力将理论知识和实际应用结合，通过大量的案例，让读者能够更好地理解和掌握Python在金融大数据分析领域的应用。同时，笔者也注意到，虽然Python在金融数据分析领域的应用非常广泛，但是这个领域的知识和技能需要不断地学习和实践，因此，笔者鼓励读者在学习这本书的同时，也要积极参与实际的项目，通过实践来提高自己的技能。

本书特色

- **从零开始**：本书从Python编程基础开始，逐步介绍数据处理和可视化的基本方法，让读者能够轻松上手。同时，书中还提供了丰富的案例，帮助读者巩固所学知识。
- **内容新颖**：书中涉及的大部分软件包采用官网较新版本（截至本书撰写时）。
- **经验总结**：笔者全面归纳和整理了自己多年的金融数据分析实践经验。
- **内容实用**：书中包含大量的案例，涉及金融数据分析领域的很多方面。通过这些案例，读者可以深入了解金融数据分析的具体过程和方法，提高自己的实际操作能力。
- **赠送代码资源**：为了让读者更好地理解和掌握所学知识，本书附带了大量的示例代码资源。读者可以直接运行这些代码，快速验证自己的学习成果。

资源下载

本书附赠资源可用微信扫描下方二维码，关注微信公众号，并输入本书第77页的资源下载码，根据提示获取。

博雅读书社

第1篇 Python金融大数据分析基础篇

第1章 Python概览   2

- **1.1** Python的优势 …… 3
- **1.2** 搭建开发环境 …… 3
  - 1.2.1 对操作系统的要求 …… 3
  - 1.2.2 Windows系统的优点 …… 4
  - 1.2.3 下载并安装Python和PyCharm …… 4
  - 1.2.4 Python在PyCharm里的配置 …… 7
- **1.3** Django框架的优势 …… 10
- **1.4** 安装和配置Django框架 …… 11
- **1.5** 小结 …… 14

第2章 结合金融场景演示Python的基本操作   15

- **2.1** Python在金融领域的应用 …… 15
  - 2.1.1 Python在金融领域的应用背景和优势 …… 15
  - 2.1.2 Python在金融领域的应用场景 …… 17
  - 2.1.3 Python在金融领域的挑战与展望 …… 18
- **2.2** 金融领域常用的Python内置函数及示例 …… 18
  - 2.2.1 数学函数 …… 18
  - 2.2.2 数据处理函数 …… 19
- **2.3** 金融领域常用的Python的库及其作用 …… 21
- **2.4** 小结 …… 22

第3章 金融数据的获取及实战   24

- **3.1** 数据的选择与获取 …… 25
- **3.2** 获取新浪财经数据案例讲解 …… 27

	3.2.1	新浪财经数据的重要作用	27
	3.2.2	如何获取新浪财经数据	27
3.3	获取Wind数据并进行简单的择时分析		31
3.4	数据预处理		34
	3.4.1	金融数据的特点	34
	3.4.2	Python在金融数据预处理中的应用	34
	3.4.3	Python在金融数据预处理中的示例分析	34
3.5	数据分析与挖掘		36
3.6	可视化展示		38
3.7	机器学习的应用		40
	3.7.1	金融领域常用的机器学习算法	40
	3.7.2	金融领域机器学习的应用案例	41
3.8	实战案例：JQData数据的获取及分析		43
	3.8.1	计算涨跌幅	45
	3.8.2	计算买入卖出信号	46
	3.8.3	计算持仓收益率	47
3.9	小结		48

第4章 MySQL 数据库详解及应用 49

4.1	MySQL 数据库简介		50
	4.1.1	MySQL 的特点	50
	4.1.2	MySQL 的安装与配置	51
4.2	MySQL 数据库的基本操作		56
4.3	MySQL 数据库操作详解		58
	4.3.1	执行SQL语句	59
	4.3.2	关闭游标和连接	60
	4.3.3	使用预处理语句	60
	4.3.4	处理异常情况	61
4.4	实战案例：Wind金融数据在MySQL数据库里的应用		61
4.5	小结		67

第5章 核心模块详解 68

5.1	NumPy 模块操作详解		68
	5.1.1	数组操作	69
	5.1.2	矩阵运算	69
	5.1.3	线性代数运算	70
	5.1.4	随机数生成	71
5.2	实战案例：NumPy在金融场景中的应用		72
5.3	Pandas 模块操作详解		74

5.3.1 Pandas 的主要数据结构：Series 和 DataFrame 75
5.3.2 数据处理 75
5.3.3 数据可视化 78
5.4 实战案例：Pandas 在金融场景中的应用 79
5.5 SciPy 模块操作详解 83
5.6 实战案例：SciPy 在金融场景中的应用 85
5.7 小结 87

第2篇　Python金融大数据分析提高篇

第6章　金融分析及量化投资　89

6.1 金融分析 89
6.1.1 金融分析的方法 89
6.1.2 金融分析的目的 90
6.1.3 金融分析在投资决策中的重要性 90
6.2 量化投资 91
6.3 量化策略 92
6.3.1 双均线策略及应用 92
6.3.2 因子选股策略及应用 97
6.3.3 动量策略及应用 100
6.4 小结 106

第7章　Python量化交易　107

7.1 量化交易数据获取 107
7.2 Python 基本面量化选股 116
7.3 Python 量化择时及应用 123
7.3.1 量化择时策略 124
7.3.2 未来发展趋势 128
7.4 量化策略回测实现 129
7.5 Python 量化交易策略实战案例 133
7.6 小结 137

第8章　数据可视化Matplotlib　138

8.1 Anaconda 的安装 139
8.2 配置 Jupyter Notebook 141
8.3 配置 Matplotlib 142

8.4	直方图、条形图、折线图与饼图的绘制及示例	144
8.5	散点图、箱线图的绘制及示例	150
8.6	极线图、阶梯图的绘制及示例	153
8.7	图标参数配置	156
8.8	堆积图的绘制及示例	158
8.9	分块图的绘制及示例	160
8.10	气泡图的绘制及示例	161
8.11	结合金融场景的Matplotlib基础案例	162
8.12	小结	164

第3篇 金融企业级项目实战篇

第9章 基于NumPy的股价统计分析实战   167

9.1	项目需求分析	167
9.2	数据获取及处理	169
9.3	基于NumPy的股价均线实战	170
9.4	基于NumPy的股票成交量统计分析	173
9.5	小结	175

第10章 基于Matplotlib的股票技术分析实战   176

10.1	项目需求分析	177
10.2	数据获取及处理	177
10.3	基于Matplotlib实现MACD	179
10.4	基于Matplotlib实现KDJ	182
10.5	基于Matplotlib绘制布林带	185
10.6	小结	188

第11章 量化交易策略实战案例   189

11.1	低估值量化交易策略实战	189
11.2	大小盘轮动策略实战	195
11.3	逆三因子量化交易策略实战	198
11.4	小结	203

第1篇
Python金融大数据分析基础篇

第 1 章
Python 概览

本章导读

Python是一种跨平台的高级编程语言,由荷兰人吉多·范·罗苏姆于20世纪80年代初开发而成。它可以有效地集成系统,如今被广泛应用于处理系统管理任务和科学计算领域。

Python语法简洁而清晰,并且提供了高效的高级数据结构,丰富而强大的类库使它成为多数平台上写脚本和快速开发应用的编程语言。随着其版本的不断更新和新功能的添加,Python逐渐被用于独立的、大型项目的开发。

利用Python的大量可用库和工具,能够应对当今金融行业中的数据分析、数据量和频率分析、依从性及监管所引发的大部分问题。即使在较大型的金融机构中,它也具备提供单一、强大、一致性的框架,简化端到端开发和生产工作的潜力。如今Python已广泛应用于银行业、投资管理、保险业、房地产行业等金融领域,用于开发金融模型、管理风险和自动完成交易等。许多大型金融机构依赖Python来搭建职位管理、资产定价、风险管理和交易系统等基础设施。

本章将介绍Python的优势、搭建Python的开发环境、Django框架的优势,以及安装和配置Django框架。

知识要点

- Python的优势:介绍Python在简洁、灵活和开源等方面的优势。
- 搭建开发环境:介绍对操作系统的要求、Windows系统的优点及如何在Windows系统里安装Python和PyCharm等。
- Django框架的优势:阐述使用Django框架的原理及优势。
- 安装和配置Django框架:详细介绍如何在Windows系统里安装和配置Django框架。

1.1 Python 的优势

Python是一种面向对象的、解释型、动态数据类型的程序设计语言,它秉承"简洁、灵活、开源"的设计理念,具有以下优势。

(1)语法简洁、易学。Python是一种代表简洁主义思想的语言,它使我们能专注于解决问题而不是理解语言本身。

(2)跨平台。Python作为脚本语言,可以在任何安装解释器的计算机环境中执行,因此用该语言编程的程序可以不经修改地实现跨平台运行。

(3)免费、开源。Python是FOSS(自由及开放源代码软件)之一。它的解释器和函数库对高级程序员具有强大的吸引力,它倡导的开源软件理念为该语言的发展奠定了牢固的群众基础。

(4)通用灵活。Python可用于编写各领域的应用程序,这为该语言提供了广阔的应用空间。从科学计算、数据处理到人工智能、机器人领域,Python都能够发挥重要的作用。

(5)面向过程和对象。Python既支持面向过程的编程,也支持面向对象的编程。在面向过程的编程中,程序是由过程或仅仅是可重用代码的函数构建起来的。在面向对象的编程中,程序是由数据和功能组合而成的对象构建起来的。

(6)黏性语言。Python具有优异的扩展性,这体现在它可以集成C、C++、Java等语言编写的代码,通过接口和函数库等方式将它们"黏"起来。此外,Python本身也提供了良好的语法和执行扩展接口,能够整合各类程序代码。

(7)丰富的类库。Python包索引(PyPI)托管了数千个Python的第三方模块。此外,世界各地的程序员通过Python的开源社区贡献了几十万个第三方函数库,几乎覆盖了计算机技术的各个领域。所以,编写Python程序时可以利用大量内置或第三方的代码,用别人造好的"轮子"为自己服务。

1.2 搭建开发环境

在使用Python之前,一件无法忽略的事情就是对Python开发环境的搭建。实际上这个搭建环境的过程也是我们逐步深入学习并掌握编程等计算机知识的过程。本节将介绍如何在Windows里搭建Python和PyCharm的开发环境。

1.2.1 对操作系统的要求

如果从学习Python自身的角度出发,并不需要配置太高的计算机,如今普通的办公计算机就能满足要求,或者说目前大部分在售的笔记本电脑就能够满足基本的学习需求。但注意,在下载Python程序的时候,需要查看计算机的属性,确认是否与版本对应,如果不对应,那么即使下载了也无法安装，因为会出现版本不兼容的问题。

下面是针对本书金融大数据分析推荐的基本计算机配置。

（1）处理器：多核CPU，如Intel Core i5或AMD Ryzen 5。

（2）内存：8GB以上。

（3）硬盘：至少有400GB的可用空间。

（4）操作系统：Windows、Linux或macOS。

1.2.2　Windows系统的优点

Windows系统的优点如下。

（1）易用性强，容易上手。在个人计算机行业发展的前期，微软明显胜过苹果，再加上Windows系统在中国的本土化推进做得比较完善，普及程度较高，所以很多中国用户最早接触的计算机都是Windows系统，而且很多年一直在使用这一系统，操作起来方便熟练。

（2）生态圈完善，兼容性好。适用Windows系统的软件很丰富，各种插件也非常多，而且无论是网银还是政府类办公网站，Windows系统都能支持。

（3）硬件丰富。Windows系统能够兼容各大硬件厂商的硬件，无论是整机还是个性化攒机，升级机器都很轻松。

1.2.3　下载并安装Python和PyCharm

本小节将向大家介绍如何在Windows 10中搭建Python开发环境和PyCharm的集成开发环境。当然，Python也可应用于其他平台，包括Linux和macOS。通过在终端窗口输入"python"命令，可以查看本地是否已经安装Python及安装的版本，如图1.1所示。

```
Microsoft Windows [Version 10.0.19045.3086]
(c) Microsoft Corporation. All rights reserved.

C:\Users\Ying.zhang.PRESTONGROUP>python
Python 3.7.1 (v3.7.1:260ec2c36a, Oct 20 2018, 14:57:15) [MSC v.1915 64 bit (AMD64)] on win32
Type "help", "copyright", "credits" or "license" for more information.
>>>
```

图1.1　在Windows 10中安装了Python 3.7.1

如果没有安装Python，则需要通过下面的步骤在Windows 10系统里安装。

（1）进入Python官网。Python的Windows版本有64位和32位，目前大多数计算机是64位操作系统，在"控制面板\系统和安全\系统"中可查看。大家可以根据自己的需求选择合适的Python版本，然后单击Download下载链接，如图1.2所示。

第 1 章　Python 概览

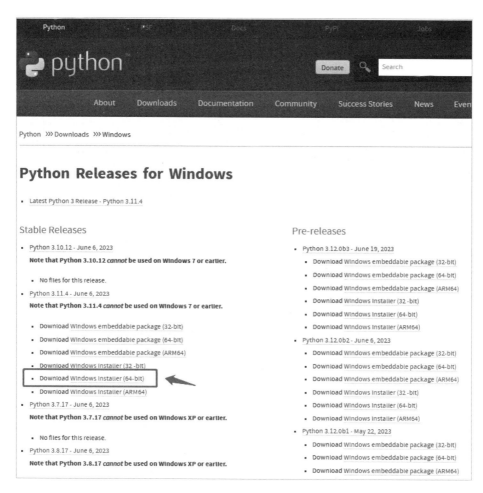

图 1.2　选择合适的 Python 下载版本

（2）下载完成后，开始安装，在弹出的 Python 安装界面中先勾选 "Add python.exe to PATH" 复选框，再单击 "Customize installation" 按钮，如图 1.3 所示。

（3）在自定义安装界面里，勾选全部复选框后单击 "Next" 按钮，如图 1.4 所示。

图 1.3　Python 安装界面　　　　　　　　　　图 1.4　确认需要安装的功能

5

（4）进入安装配置界面，勾选第一个复选框，然后选择安装路径，建议保持默认路径，最后单击"Install"按钮，如图1.5所示。

（5）安装成功后，单击"Close"按钮即可，如图1.6所示。

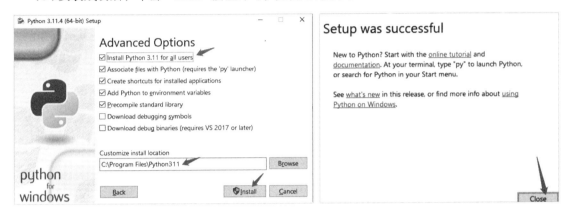

图1.5　选择安装配置选项　　　　　　　图1.6　Python安装成功界面

（6）安装完成以后，按Win+R快捷键，在弹出的运行对话框中输入"cmd"，按Enter键，在命令提示符后输入"python"命令，如果出现Python的版本信息则说明安装成功。

（7）PyCharm是比较好用的Python编辑器。它是由JetBrains打造的一款Python IDE，支持macOS、Windows、Linux系统。它的功能包括：调试、语法高亮、项目管理、代码跳转、智能提示、自动完成、单元测试、版本控制等。下面我们就来安装PyCharm，首先打开PyCharm官网，根据自己的计算机系统进行下载（这里以选择Windows为例），专业版需要激活，有30天的试用期，而社区版是免费的。这里选择社区版进行下载。在PyCharm下载界面中，选择"Windows"，然后单击"Download"按钮下载，如图1.7所示。

（8）下载成功后开始安装，单击"Next"按钮，如图1.8所示。

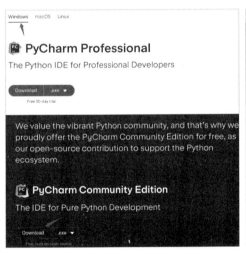 

图1.7　PyCharm下载界面　　　　　　　图1.8　PyCharm安装界面

（9）在"Destination Folder"中选择要安装的位置（一般为默认路径），然后单击"Next"按钮，如图1.9所示。

（10）勾选全部复选框，然后单击"Next"按钮，如图1.10所示。

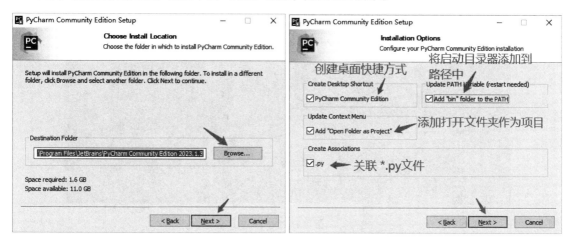

图1.9　选择安装位置　　　　　　　　图1.10　选中PyCharm安装所需选项

（11）单击"Install"按钮进行安装，如图1.11所示。

（12）选择"I want to manually reboot later"单选按钮后，单击"Finish"按钮，如图1.12所示。

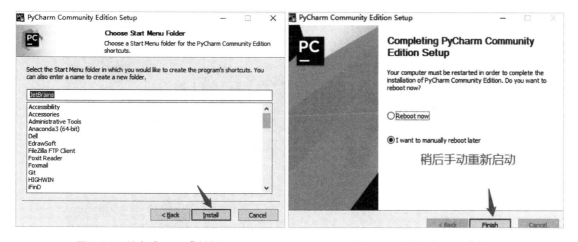

图1.11　单击"Install"按钮　　　　　　图1.12　单击"Finish"按钮

至此PyCharm就安装完成了。

1.2.4　Python 在 PyCharm 里的配置

在计算机桌面中单击PyCharm图标，打开PyCharm。通过以下步骤配置Python环境。

（1）依次单击"File>Settings>Project: douban>Project Interpreter"，这样就进入了配置Python环境的界面，如图1.13所示。

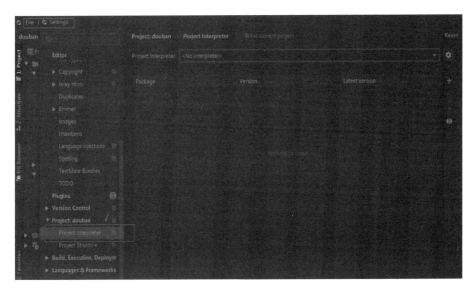

图1.13 配置Python环境的界面

（2）单击小齿轮按钮 ，在弹出的选项列表中选择"Show All"，然后在弹出的对话框中单击"+"按钮，进入配置界面，如图1.14所示。

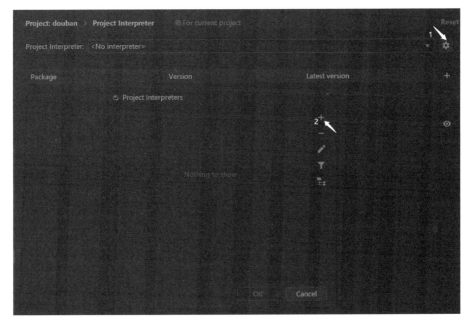

图1.14 PyCharm配置界面

（3）在打开的界面中，选择"New environment"或"Existing environment"单选按钮，建议选择"Existing environment"单选按钮，然后根据安装Python的路径，找到Python.exe，接着勾选"Make available to all projects"复选框，将该Python环境应用于所有的项目，最后单击"OK"按钮，如图1.15所示。

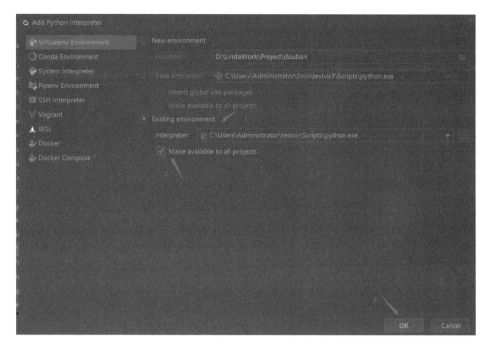

图 1.15　Python 环境应用于所有项目

（4）完成上述操作后，进入图 1.16 所示的界面，这里显示了当前配置的 Python 环境中所包含的库信息，单击"OK"按钮，即可完成 Python 环境配置。

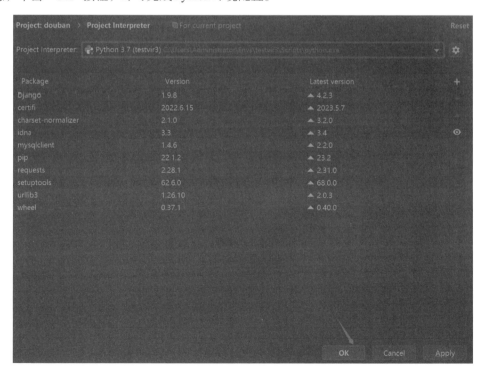

图 1.16　Python 环境的库信息

1.3 Django 框架的优势

Django作为一款开源的Python Web框架，在业内早已得到广泛认可。那么，Django的优势体现在哪里呢？

首先，Django框架的设计模式借鉴了MVC架构的思想。MVC是软件工程中的一种软件架构模式，把软件系统分为3个基本部分：模型（Model）、视图（View）和控制器（Controller），如图1.17所示。它具有耦合性低、重用性高、生命周期成本低等优点。

Django框架的设计模式也分为3个部分，以降低各个部分之间的耦合性。这3个部分为：模型（Model）、模板（Template）和视图（View），也就是MTV框架，如图1.18所示。

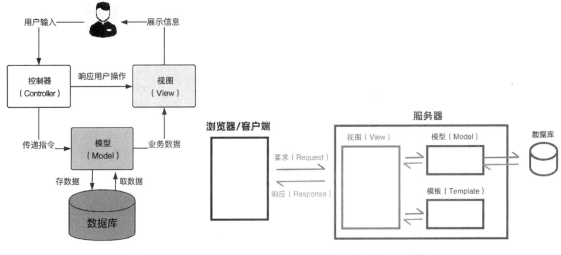

图1.17　MVC架构　　　　　　　图1.18　MTV框架

其中，模型负责业务对象与数据库的关系映射（ORM）；模板负责把页面展示给用户；视图负责业务逻辑，并在适当的时候调用模型和模板。

其次，Django拥有灵活的URL路由系统，可以方便地匹配每个URL，并将其转化为对应的视图函数。这可以大大提升开发效率，同时使程序更加易于维护，让开发者能轻松搞定路由管理。

再次，Django集成了自带的ORM模块，让我们可以使用更为直观和易于管理的面向对象的方式来操作数据库，而无须编写复杂的SQL语句。同时，它还提供了一系列的安全措施，确保程序的安全性。ORM模块使用简单，可读性强，降低了学习成本和使用难度，让开发者能轻松搞定数据库操作和安全性问题。

接着，Django的模板系统十分实用。它支持很多常见的特性，并且能够方便地自定义标签。Django的模板系统支持程度高，可扩展性强，开发者能自主制作个性化标签。

最后，Django的社区生态非常健康。它拥有非常大的用户群体，涵盖了各种各样的应用场景。有了这个社区，我们可以方便地找到各种解决方案和扩展包。

Django框架可以满足众多开发需求，让开发者更专注于业务的实现。

1.4 安装和配置 Django 框架

要进行金融大数据的研究,需要先安装Django框架及创建Django项目,具体操作步骤如下。

(1)Windows 系统下,在命令提示符窗口执行如下代码,在线安装Django。安装时可以指定版本号。这里推荐使用国内的清华镜像源,其下载速度快。

```
pip install -i https://pypi.tuna.tsinghua.edu.cn/simple django==2.2.28
```

(2)检查Python是否安装成功,在命令提示符窗口中输入"python",进入Python交互式解释器,如图1.19所示。

图1.19　进入Python交互式解释器

(3)输入以下代码,检查Django是否安装成功,若能成功返回Django版本号,则说明安装成功,如图1.20所示。

```
import django
django.get_version()
```

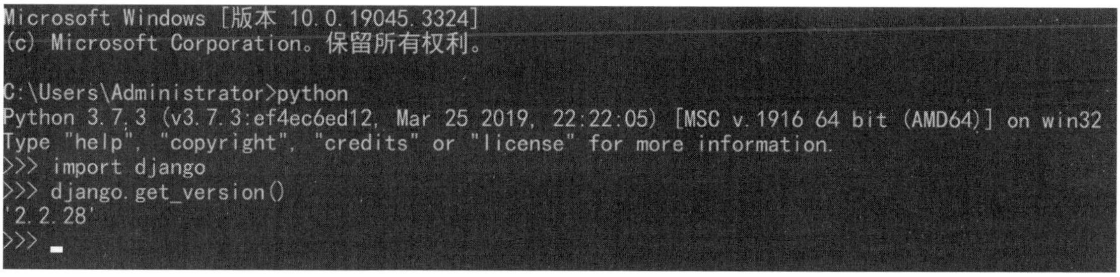

图1.20　显示Django版本号

(4)在PyCharm里面用Django创建第一个项目。

①打开PyCharm,在"File"菜单下选择"New Project"选项,如图1.21所示。

②在弹出的对话框中选择"Django"选项,在"Location"中选择需要在哪个文件夹中建立项目及项目名,然后选择"Existing interpreter"单选按钮,并且选择Python的安装目录。最后单击"Create"按钮,如图1.22所示。

 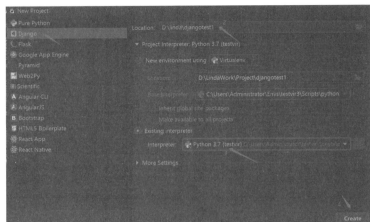

图1.21 选择"New Project"选项　　　图1.22 Django项目创建界面

Django项目创建完成后，该项目的目录结构如图1.23所示。

（5）在PyCharm里单击"Terminal"选项卡，并在窗口里输入"python manage.py runserver"，启动项目，如图1.24所示。

（6）单击"http://127.0.0.1:8000/"链接进行访问，如图1.25所示。

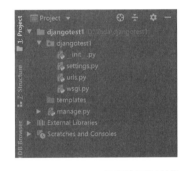

图1.23 Django项目的目录结构

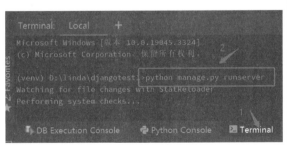 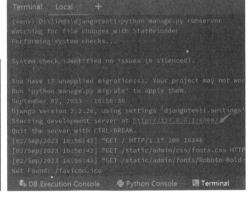

图1.24 启动Django项目　　　图1.25 本机访问地址

（7）出现图1.26所示的页面后，Django项目基本就搭建好了。

Django项目目录结构中的文件作用如图1.27所示。

图1.26　Django在本机访问的原始页面 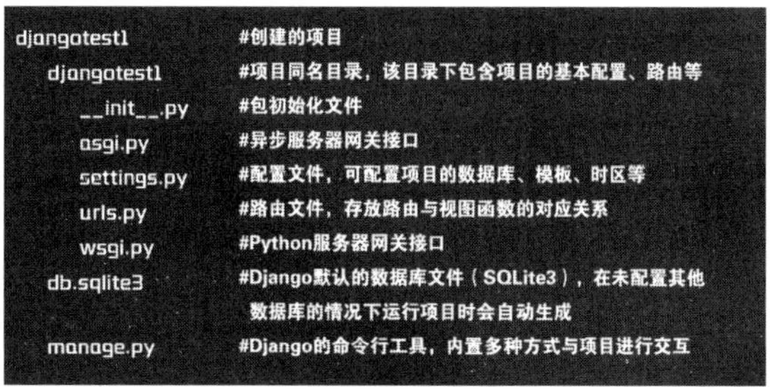　　图1.27　Django项目目录结构中常见文件的作用

Django框架的重要配置文件是settings.py，它定义的一些全局变量用来给Django框架传递参数。我们可以根据自己的实际需求来修改这个文件，从而实现某些特定的要求。运用Django时，了解这个配置文件很重要，下面对这个配置文件进行详细的介绍。settings.py中的配置项分为公有配置和自定义配置，而且配置项名称必须是大写的。表1-1为这些配置项的说明。

表1-1　settings.py的配置项及说明

配置项	说明
BASE_DIR	用于绑定当前项目启动的绝对路径，项目中的所有文件都需要依赖此路径
SECRET_KEY	密钥，用户加密或建立会话时用到的SessionID都需要用到SECRET_KEY。在实际的开发工作中，一般将它保存在系统的环境变量中，以确保加密的安全性。它一般配合加密算法Hash、MD5一起使用
DEBUG	项目启动模式（True为调试模式，在开发环境中使用；False为上线模式，用于线上环境）
ALLOWED_HOSTS	设置可访问的域名，默认值为空列表
INSTALLED_APPS	指当前项目中要安装的应用（APP）的列表，Django把默认自带的应用放在这个列表里，比如Admin（后台管理系统）、Auth（用户认证系统）等，可以根据项目需求对应用进行增加或删除。开发时自己编写的应用必须在这个变量表中进行注册才能生效
MIDDLEWARE	用于注册中间件，Django默认加载了一些中间件，比如用于处理会话的SessionMiddleware等，我们也可以对这些中间件进行添加或注释
ROOT_URLCONF	用于指定当前项目的根URL，是Django路由系统的入口
TEMPLATES	指html页面相关配置，用于指定模板的配置信息
WSGI_APPLICATION	项目在部署时，该配置项告诉Django项目在运行时使用哪个WSGI应用。WSGI是一种规范，让Web服务器与Python应用程序进行交互
DATABASES	用于指定数据库相关配置，这里默认配置的是Django自带的SQLite3数据库。Django支持多种数据库，如果想将Django项目连接到其他类型的数据库，则需要在DATABASES中更改相应的设置

续表

配置项	说明
AUTH_PASSWORD_VALIDATORS	一个支持插拔的密码验证器，且可以一次性配置多个，Django通过这些内置组件来避免用户设置密码等级不足的问题
LANGUAGE_CODE	用于设置项目的默认语言，简体中文配置为：zh-hans
TIME_ZONE	当前服务端时区的配置项，中国时区通常设置为：Asia/Shanghai
USE_I18N 和 USE_L10N	项目开发完成后，可以选择向不同国家的用户提供服务，需要支持国际化和本地化。USE_I18N 和 USE_L10N 这两个变量值用于控制是否开启国际化和本地化功能，默认为开启状态
USE_TZ	指对时区的处理方式，当设置为True时，Django会以UTC（世界标准时间）作为内部时间，并在与数据库交互时自动进行时区转换，以确保时间的正确性和一致性
STATIC_URL	指静态资源的存放位置，静态资源包括CSS、JavaScript和Images等文件。比如要在项目中添加一些图片，它们通常会被存放在新建的static目录下，这样就可以通过 STATIC_URL='/static/' 路径对静态资源进行访问

在开发的过程中，为了使settings.py适用于自己的项目，需要对这个默认配置文件进行相应的修改。下面总结了配置文件的一些通用配置项的修改。

（1）设置语言和时区分别为简体中文和中国时区。

```
LANGUAGE_CODE = 'zh-hans'
TIME_ZONE = 'Asia/Shanghai'
```

在浏览器中输入"http://127.0.0.1:8000/"来验证，可以发现已经变成了简体中文模式，如图1.28所示。

（2）设置时区不敏感。当USE_TZ设置为"False"时，表示对时区不敏感，并且让数据库时间符合本地时区。

（3）配置项目所需数据库。具体如何配置，做项目时会详细说明。

图1.28　Django简体中文模式

1.5　小结

本章介绍了Python的优势、搭建其开发环境的方法及相应的配置，还介绍了Django框架的优势及安装和配置Django框架的方法。下一章将结合金融场景演示Python的基本操作。

第 2 章
结合金融场景演示 Python 的基本操作

本章导读

随着科技的不断发展,金融科技已经成了一个热门领域。在这个领域中,Python作为一种强大的编程语言,发挥着越来越重要的作用。本章将介绍Python在金融领域的一些基本操作和应用。

知识要点

● Python在金融领域的应用:介绍了Python在金融领域的应用背景、优势、应用场景,以及挑战与展望。

● 金融领域常用的Python内置函数及示例:详细介绍并举例说明了Python在金融领域常用的内置函数,有数学函数及数据处理函数。

● 金融领域常用的Python的库及其作用:详细解释了Python在金融领域经常用到的库及其作用。

2.1 Python 在金融领域的应用

2.1.1 Python 在金融领域的应用背景和优势

随着金融行业的快速发展,大数据、人工智能等技术在金融领域的应用越来越广泛。Python作为一种功能强大、易于学习的编程语言,已经成为金融行业数据分析、量化投资、风险管理等方面的主流工具。本节将从Python在金融领域的应用背景、优势等方面进行探讨。

1. Python在金融领域的应用背景

（1）金融行业对数据处理和分析的需求：金融行业是一个数据密集型行业，每天都会产生大量的交易数据、市场数据、财务数据等。如何有效地处理和分析这些数据，提取有价值的信息，对于金融行业的决策和发展具有重要意义。Python作为一种广泛应用于数据科学领域的编程语言，具备强大的数据处理和分析能力，因此在金融行业的应用也越来越广泛。

（2）量化投资和金融科技的发展：近年来，量化投资和金融科技在金融领域发展迅速。量化投资依赖数据和算法，通过构建数学模型和优化策略来实现投资收益。金融科技则利用新兴技术（如大数据、区块链、人工智能等）改造传统金融业务，提高金融服务的效率和质量。Python在量化投资和金融科技领域具有显著的优势，因此得到了广泛应用。

（3）金融行业对风险管理的需求：金融行业面临各种风险，如市场风险、信用风险、操作风险等，有效地识别、评估和管理这些风险，对保障金融行业的稳定发展至关重要。Python具有较强的风险管理能力，可以帮助金融机构构建风险评估模型、优化风险管理体系。

2. Python在金融领域的优势

（1）数据处理能力：金融领域涉及大量的数据处理，包括股票价格、财务报表、市场指数等。Python具有丰富的数据处理库，如Pandas、NumPy和SciPy，可以帮助金融从业者快速处理和分析大量数据。此外，Python还支持多种数据格式，如CSV、Excel和JSON，方便与其他系统进行数据交换。

（2）统计分析功能：金融领域需要对大量数据进行统计分析，以揭示市场规律和预测未来趋势。Python提供了丰富的统计分析库，如StatsModels、Scikit-learn和TensorFlow，可以帮助金融从业者进行回归分析、时间序列分析、机器学习等任务。这些库不仅功能强大，而且易于使用，使金融从业者可以更加专注于业务逻辑，而非编程细节。

（3）可视化工具：金融领域需要对数据进行可视化展示，以便更直观地理解数据和结果。Python提供了多种可视化库，如Matplotlib、Seaborn和Plotly，可以帮助金融从业者创建各种图表，如折线图、条形图、散点图等。这些库支持交互式操作，使金融从业者可以更加灵活地展示数据和结果。

（4）网络爬虫技术：金融领域需要从互联网上获取大量信息，如新闻、研究报告、社交媒体等渠道。Python提供了强大的网络爬虫技术，如BeautifulSoup、Scrapy和Requests，可以帮助金融从业者快速抓取网页内容，并进行解析和提取。这些技术不仅可以提高金融从业者的工作效率，而且可以为金融研究和投资决策提供有价值的信息。

（5）量化交易策略：量化交易是金融领域的热门话题，通过编写程序化交易策略，可以实现自动化交易和风险管理。Python提供了丰富的量化交易库，如Zipline、Backtrader和PyAlgoTrade，可以帮助金融从业者实现复杂的交易策略。这些库支持多种交易平台，如Bloomberg、Reuters和Interactive Brokers，使金融从业者可以更加便捷地进行量化交易。

（6）金融模型和算法：Python具有丰富的金融模型和算法库，金融从业者可以利用这些库进行风险评估、投资组合优化、期权定价等复杂任务。例如，QuantLib 是一个广泛应用于金融工程领域的库，提供了多种金融工具的实现，如利率曲线、期权定价模型等。此外，Pyfolio 可以帮助金融从业者评估投资组合的风险和收益，为投资决策提供有力支持。

（7）云计算和大数据处理：随着金融数据的不断增长，云计算和大数据处理技术在金融领域变得越来越重要。Python 可兼容多种云计算平台（如 AWS、Azure 和 Google Cloud），可以轻松实现数据的存储、处理和分析。同时，Python 还支持大数据处理框架，如 Hadoop 和 Spark，可以帮助金融从业者高效地处理海量数据。

（8）人工智能和机器学习：近年来，人工智能和机器学习在金融领域的应用越来越广泛，如智能投顾、信用评分、欺诈检测等。Python 作为人工智能和机器学习领域的主流编程语言，提供了丰富的库和框架，如 TensorFlow、Keras 和 PyTorch，可以帮助金融从业者快速构建和训练复杂的机器学习模型。此外，Python 还支持自然语言处理（NLP）技术，如 NLTK 和 SpaCy，可以帮助金融从业者分析和理解文本数据，如新闻、社交媒体评论等。

Python 在金融领域具有广泛的应用背景和显著的优势，金融行业从业人员应掌握 Python 技术，以适应行业发展的需求。同时，金融机构也应加大对 Python 技术的投入，推动金融行业的创新与发展。

2.1.2　Python 在金融领域的应用场景

本小节将详细介绍 Python 在金融领域的应用场景，以及如何利用 Python 解决金融方面的问题。

1. 金融数据分析

金融数据分析是金融领域的核心任务之一，Python 在这方面的应用非常广泛。通过 Python 的 Pandas、NumPy 等库，可以方便地处理和分析大量的金融数据。例如，可以使用 Pandas 进行数据清洗、数据转换、数据合并等操作，使用 NumPy 进行数值计算和统计分析。此外，Python 还可以与 R 语言、MATLAB 等数据分析工具进行集成，实现数据的互通和共享。

2. 量化交易

量化交易是指通过计算机程序自动执行交易策略的过程。Python 在量化交易领域的应用非常成熟，许多知名的量化交易平台，如 Backtrader 等，都是基于 Python 开发的。Python 提供了丰富的库和框架，如 PyAlgoTrade、Zipline 等，可以帮助开发者快速构建量化交易策略。此外，Python 还可以与 C++、Java 等编程语言进行混合编程，提高量化交易策略的性能。

3. 金融风险管理

金融风险管理是金融机构的核心职能之一，Python 在这方面的应用也非常广泛。通过 Python 的 SciPy、StatsModels 等库，可以方便地进行风险模型的建立和评估。例如，可以使用 SciPy 进行线性回归、时间序列分析等操作，使用 StatsModels 进行多元统计分析、假设检验等操作。此外，Python 还可以与 Excel、SAS 等风险管理工具进行集成，实现风险管理数据的互通和共享。

4. 金融市场预测

金融市场预测是金融领域的重要研究方向，Python 在这方面的应用也非常成熟。通过 Python 的 TensorFlow、Keras 等深度学习框架，可以方便地进行金融市场的预测和建模。例如，可以使用 TensorFlow 构建神经网络模型，对股票价格、汇率等金融市场数据进行预测。此外，Python 还可以与 R 语言、MATLAB 等预测工具进行集成，实现金融市场预测结果的互通和共享。

5. 金融文本挖掘

金融文本挖掘是指从大量的金融文本数据中提取有价值的信息和知识。Python 在这方面的应用非常广泛，可以通过 NLTK、Gensim 等库，方便地进行金融文本的预处理、特征提取等操作。例如，可以使用 NLTK 进行分词、词性标注等操作，使用 Gensim 进行文本向量化、主题模型构建等操作。此外，Python 还可以与 R 语言、MATLAB 等文本挖掘工具进行集成，实现金融文本挖掘的互通和共享。

2.1.3 Python 在金融领域的挑战与展望

尽管 Python 在金融领域有着广泛的应用，但仍然面临着一些挑战。首先，金融行业的数据处理量非常大，需要处理的数据类型也非常复杂，这对 Python 的数据处理能力和稳定性等提出了很高的要求；其次，金融行业对数据的安全性和隐私性要求非常高，这要求使用 Python 处理数据的过程中，要充分考虑数据的安全性和隐私保护的问题；最后，金融行业对人工智能和机器学习的应用还处于初级阶段，需要不断探索和创新。

但我们相信，随着科技的不断发展，Python 在金融领域的应用将更加广泛。例如，区块链技术将为金融行业带来更高效、更安全的数据存储和传输方式；量子计算将为金融行业带来更强大的计算能力；虚拟现实和增强现实技术将为金融行业带来更丰富的交互体验等。在这个过程中，Python 将继续发挥重要的作用，推动金融科技的发展。

2.2 金融领域常用的 Python 内置函数及示例

Python 内置的函数丰富多样，功能强大，可以帮助我们快速实现各种金融计算和分析任务。本节将介绍一些在金融领域经常用到的 Python 内置函数，以及它们的用法和示例，帮助读者更好地利用这些函数进行金融数据处理和分析。

2.2.1 数学函数

1. math 库

Python 的 math 库提供了许多数学函数，包括三角函数、对数函数、指数函数等。这些函数在金融领域中有着广泛的应用,如计算利率、计算复利等。

例如,计算复利的公式:$A = P(1 + r/n)^{\wedge}(nt)$,其中$A$表示最终的本利和,$P$表示本金,$r$表示年利率,$n$表示每年计息次数,$t$表示投资年限。使用math库中的pow()函数可以简化计算过程,代码如下。

```
import math
def calculate_compound_interest(principal, rate, time, number_of_periods):
    # 计算复利总额
    compound_interest = principal * (math.pow(1 + rate/number_of_periods,
                                    number_of_periods*time))
    return compound_interest
principal = 1000
rate = 0.05
time = 10
number_of_periods = 12
result = calculate_compound_interest(principal, rate, time, number_of_periods)
print(f"本金:{principal} 在 {time} 年,年利率为 {rate},
        每年计息 {number_of_periods} 次的复利总额为:{result:.2f}")
```

2. 统计函数

Python的statistics库提供了许多统计函数,如计算平均值、中位数、方差、标准差等。这些函数在金融领域可以用来分析数据分布、评估风险等。

例如,计算投资组合的标准差,假设我们有n个资产,每个资产的收益率分别为$r_1, r_2, ..., r_n$,那么投资组合的标准差可以通过以下公式计算:标准差=sqrt($\Sigma(r_i - \mu)^{\wedge}2/n$),其中,$\mu$表示投资组合的加权平均收益率,$\Sigma$表示求和。

```
import statistics
# 创建投资组合的收益率列表
portfolio_returns = [0.1, 0.2, -0.1, 0.05, -0.02, 0.15]
# 计算投资组合的标准差
portfolio_std_dev = statistics.stdev(portfolio_returns)
print("投资组合的标准差为:", portfolio_std_dev)
```

需要注意的是,虽然标准差是一个衡量风险的重要指标,但它并不能告诉我们投资的风险到底有多大。这是因为标准差是相对于其平均值的一个测量,而平均值可能受到异常值的影响。因此,除了标准差,我们还需要结合其他统计指标和投资目标来评估投资的风险。

2.2.2 数据处理函数

1. datetime库

Python的datetime库提供了日期和时间的处理功能。在金融领域,日期和时间的处理是非常重要的，如用于计算收益率、生成报表等。

例如，计算两个日期之间的天数差。

```
from datetime import datetime
def days_between(d1, d2):
    delta = d2 - d1
    return delta.days
date1 = datetime(2023, 7, 1)
date2 = datetime(2023, 8, 10)
days_difference = days_between(date1, date2)
print("两个日期之间的天数差为：",days_difference)
```

2. re库

Python的re库提供了正则表达式的功能，可以用来处理文本数据。在金融领域，文本数据的处理是常见的任务，如提取股票代码、提取财务报表中的数据等。以下是提取股票代码的示例。

```
import re
def extract_stock_code(text):
    # 匹配6位数字的股票代码
    pattern = r'\b[0-9]{6}\b'
    stock_codes = re.findall(pattern, text)
    return stock_codes
text = "股票代码: 000001, 股票代码: 600000, 股票代码: 300001"
stock_codes = extract_stock_code(text)
print(stock_codes)
```

3. random库

在金融领域，生成随机数通常用于模拟股票价格、利率等随机波动。以下是使用Python的random库生成随机数的示例。

```
import random
# 生成一个1到100之间的随机整数
random_integer = random.randint(1, 100)
print("随机整数: ", random_integer)
# 生成一个0到1之间的随机浮点数
random_float = random.uniform(0, 1)
print("随机浮点数: ", random_float)
```

除了生成随机整数和浮点数，random库还提供了其他实用的函数。例如，choice()函数可以从一个序列中随机选择一个元素，而shuffle()函数可以打乱一个序列的顺序。在金融领域，随机数的生成尤为重要。例如，在模拟股票价格变动时，需要生成一些随机的价格数据来模拟市场的波动。这时，就可以使用random库来生成这些随机数据。需要注意的是，虽然生成随机数看起来简单，但它背后涉及复杂的数学原理。例如，伪随机数生成器就是一种能产生看似随机但实际上有规律的数字序列的算法。因此，对于金融领域的程序员来说，掌握生成随机数的原理和方法，不仅可以提高编程效率，还可以帮助我们理解和分析金融市场的动态变化。

本节探讨了在金融领域常用的 Python 内置函数，这些函数包括数学运算、日期和时间处理、随机数生成等。掌握这些内置函数将有助于我们更高效地处理金融数据，进行数据分析和建模。

2.3　金融领域常用的 Python 的库及其作用

Python 有许多强大的库和模块帮助我们进行数据分析、机器学习、量化交易等任务。

（1）NumPy：这是 Python 的一个科学计算库，提供了高性能的多维数组对象及各种派生对象（如掩码数组和矩阵）。在金融领域，NumPy 常用于数值计算、统计分析和机器学习。

（2）Pandas：这是一个用于数据处理和分析的 Python 库，它提供了大量的数据结构和函数，使数据处理变得更加简单高效。在金融领域，Pandas 可以用于数据分析、数据可视化、风险管理等方面。例如，可以使用 Pandas 读取 CSV 文件并进行数据清洗。此外，Pandas 还可以用于计算收益率、协方差矩阵等金融指标。

（3）Matplotlib：用于绘制二维图表和三维图形的 Python 绘图库，它提供了丰富的绘图功能，可以方便地生成金融数据的可视化效果。在金融领域，Matplotlib 可用于绘制各种金融图表，如股票价格走势图、移动平均线等。

（4）Scikit-learn：用于机器学习的 Python 库，提供了许多常用的机器学习算法，如分类、回归、聚类等。在金融领域，Scikit-learn 常用于预测模型构建、特征选择和风险管理。

（5）TensorFlow：用于深度学习的开源库，由 Google 开发。它提供了灵活的计算图表达方式，支持多种硬件平台，可以构建高效的神经网络模型。在金融领域，TensorFlow 常用于股票价格预测、信用评分等。

（6）Keras：一个基于 Python 的高级神经网络 API，可以与 TensorFlow、Microsoft Cognitive Toolkit（CNTK）、Theano 等后端无缝协作。Keras 易于使用，适合初学者快速入门深度学习。在金融领域，Keras 常用于构建和训练神经网络模型。

（7）BeautifulSoup：用于解析 HTML 和 XML 文档的 Python 库，它可以帮助我们从网页中提取有用的信息。在金融领域，BeautifulSoup 常用于爬虫程序，获取金融新闻、公告等信息。

（8）Requests：用于发送 HTTP 请求的 Python 库，可以轻松地实现网页抓取、API 调用等功能。在金融领域，Requests 常用于获取实时行情数据、交易历史等。

（9）SQLAlchemy：用于操作关系型数据库的 Python 库，它提供了一个全面的 ORM（Object Relational Mapping，对象关系映射）解决方案，可以方便地将 Python 对象映射到关系型数据库表。在金融领域，SQLAlchemy 常用于存储和查询金融数据。

（10）PyMongo：用于连接 MongoDB 数据库的 Python 库，它提供了简单易用的接口，可以方便地对MongoDB进行增删改查等操作。在金融领域，PyMongo常用于存储和查询数据。

（11）StatsModels：用于统计建模的Python库，它提供了许多统计模型和方法，如线性回归、时间序列分析等。在金融领域，StatsModels常用于构建预测模型、评估风险等。

（12）Scikit-multiflow：用于流式数据处理的Python库，它提供了许多实用的数据流处理方法，如随机森林、隐马尔科夫模型等。在金融领域，Scikit-multiflow常用于处理市场的实时数据流。

（13）Pyfolio：用于投资组合分析的Python库，它提供了许多实用的投资组合评估方法，如归因分析、风险调整收益等。在金融领域，Pyfolio常用于评估投资策略的表现。

（14）Zipline：用于回测交易策略的Python库，它提供了简单易用的接口，可以方便地对交易策略进行回测和优化。在金融领域，Zipline常用于测试交易策略的性能。

除了上述提到的金融领域常用的Python库，还有一些值得关注的库和框架。

（1）TA-Lib：用于计算技术分析指标的Python库，它提供了许多常用的技术分析指标，如移动平均线、相对强弱指数（RSI）等。在金融领域，技术分析是预测股票价格走势的重要方法，TA-Lib可以帮助我们更方便地计算技术分析指标。

（2）Backtrader：用于回测交易策略的Python框架。它提供了丰富的功能，如数据加载、策略编写、模拟交易等，可以帮助我们更好地评估交易策略的表现。

（3）vn.py：一个基于Python的网络交易平台开发框架。它可以帮助我们快速搭建量化交易平台，实现交易策略的开发和回测。

总之，通过使用这些库和框架，我们可以更高效地进行数据处理、分析和建模，从而为金融市场的研究和应用提供有力的支持。随着金融科技的发展，未来还会有更多新的Python模块和技术出现，为金融领域带来更多的创新和变革。

2.4　小结

Python在金融领域的应用非常广泛，它可以帮助金融机构和专业人士进行数据分析、风险管理、量化交易等任务。本节将对Python在金融方面的应用进行总结。

首先，Python在金融数据处理方面具有很大的优势。金融数据通常包含大量的数字和文本信息，需要对这些数据进行清洗、整理和分析。Python提供了丰富的库，如NumPy、Pandas和Matplotlib，可以方便地处理这些数据。使用NumPy可以进行数组运算，提高数据处理速度；使用Pandas可以对数据进行筛选、排序和分组，方便用户查看和分析数据；使用Matplotlib可以绘制各种图表，以直观地展示数据的变化趋势。

其次，Python在金融模型构建方面也有很大的作用。金融模型是预测金融市场趋势的重要工具，如股票价格、汇率、利率等。Python提供了许多科学计算库，如SciPy、Scikit-learn和StatsModels，可以帮助用户构建各种金融模型。使用SciPy可以进行数值积分和优化计算，为金融模型提供基础支持；使用Scikit-learn可以进行机器学习和统计建模，提高模型的准确性；使用StatsModels可以进行时间序列分析和回归分析，为金融模型提供更多的预测方法。

再次，Python在金融风险管理方面也发挥着重要作用。金融机构需要对各种风险进行评估和管理，如信用风险、市场风险、操作风险等。Python提供了许多风险评估和管理的工具，如VaR（Value at Risk）、蒙特卡洛模拟和机器学习算法等。使用VaR可以对金融市场的风险进行量化评估，帮助投资者制定合适的投资策略；使用蒙特卡洛模拟可以对金融产品的价格进行随机模拟，评估其可能的风险收益；使用机器学习算法可以根据历史数据建立模型，预测未来的市场趋势和风险水平。

最后，Python在金融量化交易方面也有广泛的应用。量化交易是一种基于数学模型和计算机算法的交易方式，可以帮助投资者实现自动化交易和高频交易。Python提供了许多量化交易平台和库，如Backtrader和Zipline等。这些平台和库提供了丰富的功能，如回测、模拟交易等，可以帮助投资者快速构建和测试量化交易策略。此外，Python还提供了一些实用的库，如CCXT和Requests，可以帮助投资者与交易所进行交互和获取实时数据。

第 3 章
金融数据的获取及实战

本章导读

随着科技的飞速发展,大量的金融数据被产生、存储和分析,为金融机构提供了丰富的信息资源。金融数据的获取和处理成了金融机构在市场竞争中取得优势的关键因素之一。本章将介绍如何使用 Python 进行金融数据的获取,以及如何对这些数据进行分析和挖掘。

知识要点

● 数据的选择与获取:介绍获取股票数据的主要原因,以及获取的途径和优缺点。

● 获取新浪财经数据案例讲解:介绍新浪财经数据的重要作用,以及如何获取新浪财经数据并分析股票的种类及总成交额。

● 获取 Wind 数据并进行简单的择时分析:介绍如何获取 Wind 数据及进行简单的择时分析。

● 数据预处理:介绍金融数据的特点,以及 Python 在金融数据预处理中的应用及示例分析。

● 数据分析与挖掘:简述数据分析与挖掘的概念,并通过案例介绍如何进行简单的数据分析及挖掘,包括计算收益率、计算移动平均线和绘制 K 线图。

● 可视化展示:介绍并举例说明 Python 的可视化展示,主要通过 Matplotlib、Seaborn、Plotly 等库来实现。

● 机器学习的应用:介绍金融领域常用的机器学习算法,讲解金融领域机器学习的应用案例。

● JQData 数据的获取及分析:介绍 JQData 数据的获取方式,通过案例介绍如何计算涨跌幅、买入卖出信号、持仓收益率,以及做可视化展示。

3.1 数据的选择与获取

获取股票数据的主要原因如下。

（1）投资决策：股票市场是投资者进行投资决策的重要依据。通过获取实时的股票数据，投资者可以更好地了解股票市场的趋势，从而做出更明智的投资决策。这些数据可以帮助投资者分析公司的财务状况、盈利能力、市场地位等，以便选择具有投资价值的公司。

（2）风险管理：金融市场的风险是不可避免的，但通过对股票数据的分析和研究，投资者可以更好地识别和评估这些风险。例如，通过观察公司的财务报表、行业动态等信息，投资者可以预测公司未来的盈利能力和市场表现，从而降低投资风险。

（3）交易策略：股票数据对于制定有效的交易策略至关重要。通过对历史数据的分析，投资者可以发现市场的规律和趋势，从而制定更符合市场情况的交易策略。此外，实时的股票数据还可以帮助投资者跟踪市场的变化，及时调整交易策略来适应市场环境。

（4）资产配置：股票数据可以为投资者提供有关不同行业和公司的信息，有助于投资者进行更合理的资产配置。通过分析各个行业的发展趋势和公司的竞争力，投资者可以将资金分散投资于不同的领域和公司，从而实现资产的多元化配置，降低整体投资风险。

（5）信息透明度：获取股票数据可以提高金融市场的信息透明度。投资者可以通过公开渠道获取大量的公司财务数据、行业动态等信息，这有助于消除市场上的信息不对称现象，提高市场的公平性和运作效率。

（6）监管合规：金融机构需要获取股票数据，以满足监管要求。例如，证券交易所需要对上市公司的信息披露进行监管，以确保投资者能够获取准确、完整、及时的信息。此外，金融机构还需要根据监管机构的要求，定期报送财务报表等相关数据，以便监管部门对市场进行有效监管。

（7）学术研究：股票数据对于学者和研究人员来说具有很高的价值。通过对股票数据的分析，学者可以研究公司的经营状况、市场表现等问题，为学术界提供有价值的研究成果。此外，股票数据还可以帮助研究人员了解金融市场的运行机制和规律，为政策制定者提供有益的参考。

（8）媒体与舆情分析：股票数据对于媒体和舆情分析也具有重要意义。通过对股票数据的分析，媒体可以报道市场的最新动态，帮助投资者了解市场的状况。同时，舆情分析也可以利用股票数据来评估公司的声誉和市场地位，为企业提供有针对性的建议和改进措施。

总之，获取股票数据对于投资者、金融机构、学者等都具有重要意义。通过使用实时、准确的股票数据，各方可以更好地了解市场状况、制定投资策略、实现资产配置目标等，从而提高金融市场的运作效率和公平性。

获取股票数据的主要途径及其优缺点如下。

1. 雅虎财经

优点：提供实时股票价格、历史数据、财务指标、分析师预测等信息，界面友好，易于使用。

缺点：部分数据需要付费订阅，且部分信息更新速度较慢。

2. 谷歌财经

优点：提供实时股票价格、历史数据、财务指标、分析师预测等信息，界面简洁，功能强大。

缺点：部分数据需要付费订阅，且部分信息更新速度较慢。

3. 新浪财经

优点：提供实时股票价格、历史数据、财务指标、分析师预测等信息，界面友好，易于使用。

缺点：部分数据需要付费订阅，且部分信息更新速度较慢。

4. 雪球

优点：提供实时股票价格、历史数据、财务指标、分析师预测等信息，界面友好，易于使用。此外，雪球社区汇集了大量投资者，可以获取更多的投资观点和建议。

缺点：部分数据需要付费订阅，且部分信息更新速度较慢。

5. Wind资讯

优点：提供股票、债券、基金、期货等金融产品的历史数据、实时数据、财务指标等信息，数据覆盖面广，更新速度快。此外，Wind还提供了宏观经济、行业研究等丰富的数据和分析工具。

缺点：部分数据和功能需要付费使用，且操作相对复杂。

6. 同花顺

优点：提供实时股票价格、历史数据、财务指标、分析师预测等信息，界面友好，易于使用。此外，同花顺还提供了丰富的投资工具和策略库，方便投资者进行分析和决策。

缺点：部分数据需要付费订阅，且部分信息更新速度较慢。

7. 东方财富网

优点：提供实时股票价格、历史数据、财务指标、分析师预测等信息，界面友好，易于使用。此外，东方财富网还提供了丰富的投资工具和研究报告，帮助投资者更好地了解市场动态和投资机会。

缺点：部分数据需要付费订阅，且部分信息更新速度较慢。

8. 富途证券

优点：提供实时股票价格、历史数据、财务指标、分析师预测等信息，界面友好，易于使用。同时，富途证券还提供了港股通、美股通等多种投资渠道，方便投资者进行跨境投资。

缺点：部分数据需要付费订阅，且部分信息更新速度较慢。

9. 券商内部系统

优点：券商内部系统通常包括交易系统、行情系统、资讯系统等，可以提供实时的股票行情、交易信息、公司资讯等，满足投资者对实时性的需求。它还提供了全面的股票数据，包括行情、交易、资讯等，方便投资者进行综合分析。此外，券商内部系统通常由专业的金融软件开发公司开发，具有较高的专业性和稳定性。

缺点：券商内部系统一般需要开户才能使用，外部投资者和分析师无法直接获取，且部分功能可能受限于券商的服务质量和信誉。此外，券商内部系统的数据格式可能不统一，对数据的整理和分析也会带来一定的困扰。

以上列举了9种获取股票数据的途径，它们具有各自的优缺点，投资者可以根据自己的需求和预算来选择合适的数据。在选择时，可以考虑数据的实时性、覆盖面、更新速度等因素，同时也要考虑数据的获取费用和使用限制。此外，还可以结合多种数据进行比较和分析，以获得更全面、准确的投资信息。

3.2 获取新浪财经数据案例讲解

新浪财经是中国具有影响力的财经信息服务平台，它提供了全面、及时、准确的财经新闻和市场数据，深受投资者、经济学者和企业家的青睐。无论你是想要观察市场趋势还是制定投资策略，或者进行宏观经济研究，新浪财经的数据和服务都是必不可少的工具。本节将探讨新浪财经数据的重要作用及如何有效地获取这些数据。

3.2.1 新浪财经数据的重要作用

新浪财经凭借其权威性、专业性和广泛的影响力，为各类投资者和金融从业者提供了丰富多样的财经数据服务。新浪财经数据的重要作用体现在以下几个方面。

（1）提供全面的市场信息：新浪财经提供的股票、债券、基金、期货、外汇等多元化的市场数据，可以帮助用户全面了解市场动态，把握投资机会。

（2）辅助决策：财经数据可以用于制定投资策略。例如，价格走势、成交量、市场情绪等信息可以帮助投资者做出更明智的决策。

（3）进行宏观经济研究：通过新浪财经的宏观经济数据，用户可以了解国家的经济增长情况，预测未来的经济走势，为宏观经济决策提供依据。

3.2.2 如何获取新浪财经数据

新浪财经数据涵盖了股票、债券、基金、期货等各类金融产品，还包括了实时行情、交易数据、财务数据等。获取新浪财经数据的方式有以下几种。

（1）网页抓取：新浪财经网页中有大量的实时市场数据，可以通过编写网络爬虫程序，自动抓取这些数据。这需要一定的编程知识，但优点是实时性强，获取数据量大。

（2）API调用：新浪财经提供了API接口，用户可以通过调用API接口，获取特定的数据。这对于需要进行大规模数据处理的用户来说，效率更高，使用更方便。

（3）订阅服务：新浪财经还提供了数据订阅服务，使数据更新频率更高，服务更加个性化。用户可以根据自己的需求，定制所关注的市场数据。

下面对获取数据的相关概念进行大致介绍。

（1）爬虫技术：一种自动获取网页内容的程序，它可以按照一定的规则和策略，从互联网上抓取所需的信息。爬虫技术的核心是模拟用户浏览网页的行为，通过发送HTTP请求，获取网页的HTML源代码，然后对源代码进行解析，提取所需的数据。爬虫技术通常用于搜索引擎、数据挖掘、网络监控等领域。

在Python中，我们可以使用Requests库来实现GET和POST请求，从而从网页中爬取信息。以下是一个通过GET请求获取网页信息的简单示例。

```
# 确保已经安装了requests库。如果没有安装，可以使用以下命令进行安装
pip install requests
# 使用GET请求从网页爬取信息，并添加头信息
#https://www.example.com 为目标网址
url = 'https://www.example.com'
# 设置头信息
headers = {
    'User-Agent': 'Mozilla/5.0 (Windows NT 10.0; Win64; x64) AppleWebKit/537.36 (KHTML, like Gecko) Chrome/58.0.3029.110 Safari/537.3'
    }
# 发送GET请求
response = requests.get(url, headers=headers)
# 输出返回的网页信息
print(response.text)
```

（2）JSON数据格式：一种轻量级的数据交换格式，它采用易于阅读的文本形式，用于存储和传输数据。JSON数据由键值对组成，键值对之间用逗号分隔，键和值用冒号分隔。键必须是字符串，值可以是字符串、数字、布尔值、数组或其他JSON对象。JSON数据解析是指将JSON数据转换为Python中的数据结构，如字典、列表等。

（3）Python解析JSON数据：在Python中，可以使用内置的JSON模块来解析JSON数据。以下是一个简单的示例。

```
# 导入json模块
import json
# 创建一个json字符串
json_str = '{"name": "张三", "age": 30, "is_student": false,
            "scores": [90, 80, 70]}'
# 使用json.loads()函数将json字符串解析为Python数据结构
data = json.loads(json_str)
# 现在，可以像操作普通Python字典一样操作解析后的数据
print(data["name"])            # 输出：张三
print(data["age"])             # 输出：30
print(data["is_student"])      # 输出：false
print(data["scores"])          # 输出：[90, 80, 70]
```

注意：如果JSON数据中包含日期、时间等特殊类型，需要使用第三方库（如SimpleJSON、DateUtil等）进行解析，或者自定义解析方法。

接下来，编写一个Python脚本来获取新浪财经市场数据。这里根据股票的种类和总成交额输出水平条形图，并根据涨跌额的正负将跌的股票设为红色，涨的股票设为蓝色，代码如下。

```python
import requests
import matplotlib.pyplot as plt
import matplotlib
import json
# 定义抓取的页数
pages = 1
# 在XHR过滤器中找到对应股票列表的URL
base_url = "https://vip.stock.finance.sina.com.cn/quotes_service/api/
        json_v2.php/Market_Center.getHQNodeData"
# 图片存入指定的文件夹
path = "D:/linda/"
def Get_one_page(page, base_url, path):
    # 获取数据，根据Header中的参数配置接口
    params = {"page": str(page),
              "num": "40",
              "sort": "symbol",
              "asc": "1",
              "node": "cyb",
              "symbol": "",
              "_s_r_a": "page"}
    # 设置请求头
    header = {"User-Agent": "Mozilla/5.0"}
    # 请求数据
    r = requests.get(base_url, params=params, headers=header)
    # 字符串转换成json数据
    alldatas = json.loads(r.text)
    names = []
    amount = []
    pricechange = []
    for j in range(len(alldatas)):
        names.append(alldatas[j]['symbol'])
        amount.append(alldatas[j]['amount'])
        pricechange.append(alldatas[j]['pricechange'])
    color = []                                  # 定义颜色空列表
    for i in range(len(amount)):                # 遍历列表
        amount[i] = int(amount[i])/10000        # 将总交易额换算成以万为单位的数据
        if  pricechange[i] < 0:                 # 对涨跌额的正负进行判断
```

```
                color.append('red')     # 如果当前股票为负数，将红色加入颜色列表
            else:
                color.append('blue')    # 如果当前股票为非负数，将蓝色加入颜色列表
    # 开始绘图
    matplotlib.rcParams['font.sans-serif'] = ['SimHei']        # 设置字体
    matplotlib.rcParams['axes.unicode_minus'] = False          # 选择画图模式
    plt.figure(figsize=(18, 11), dpi=200)   # 一定要在画图之前设置图片大小
    plt.barh(range(len(amount)), amount, alpha=0.6, color=color)  # 绘制条形图
    plt.yticks(range(len(amount)), names)    # 将 y 轴设置为股票代码
    plt.xlabel('总成交额（万元）')             # 将 x 轴设置为成交额
    for x, y in enumerate(amount):           # 给每一个条形图后加上成交额数字
        plt.text(y, x-0.15, '%s' % y)
    title = '新浪财经第{}页成交额数据展示'.format(page)
    plt.title(title)
    plt.show()
    plt.savefig(path + title + '.png')       # 保存图片
# 主程序开始
for page in range(pages):
    Get_one_page(page+1, base_url, path)
print('所有页面下载完成')
```

绘制结果如图 3.1 所示。

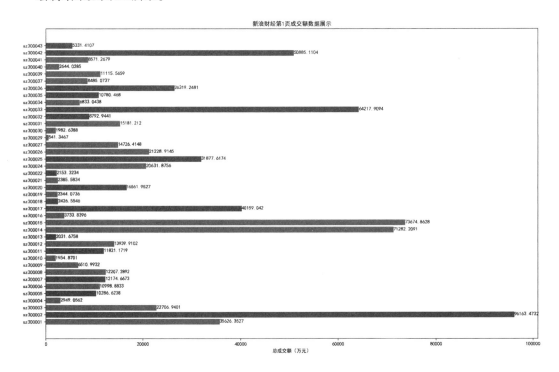

图 3.1　新浪财经第 1 页成交额数据展示

获取新浪财经数据的方法有很多，对于普通用户来说，网页抓取和 API 调用是常用的方法。而对于需要进行大规模数据处理的用户，订阅服务可能更加合适。总的来说，新浪财经提供的数据是理解和参与金融市场的重要工具，我们应该充分利用这些资源，提高我们的金融素养和投资能力。

3.3 获取 Wind 数据并进行简单的择时分析

使用 Python 获取 Wind 数据并进行简单的择时分析时，需要按照以下步骤操作。

（1）登录 Wind 官网，在"金融解决方案"的下拉列表里选择"金融终端"选项，如图 3.2 所示。

（2）根据自己计算机的实际情况单击"Windows 版""Mac 版"或"移动版"按钮，如图 3.3 所示。也可以申请试用。

图 3.2　Wind 官网　　　　　　　　　　　　图 3.3　Wind 下载选择

（3）下载并安装完毕后，打开 Wind 金融终端，输入用户名和密码，就能登录了。然后选择"开始>插件修复>修复 Python 接口"选项，如图 3.4 所示。

（4）修复完成后，如图 3.5 所示。

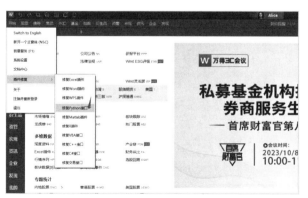 

图 3.4　选择"修复 Python 接口"选项　　　　图 3.5　量化接口修复工具界面

注意：修复完成后，可通过"配置详情"查看具体修复了哪些Python设置。若列表中没有需要使用的Python，可通过"添加路径"修复指定的Python，添加路径格式可参考具体的提示。

（5）接下来，可以调用WindPy进行简单的择时分析，代码如下。

```python
from pylab import *
import matplotlib.pyplot as plt
import datetime
from WindPy import w
from matplotlib.pyplot import MultipleLocator   # 这个类用于设置刻度间隔
# 用来正常显示中文
mpl.rcParams['font.sans-serif'] = ['SimHei']
# 获取股票数据
def get_stock_data(ticker, fields, start_date, end_date, options):
    stock_data = w.wsd(ticker, fields, start_date, end_date,options,
                       usedf=True)
    return stock_data[1]['CLOSE']
# 计算移动平均线
def calculate_moving_average(data, window):
    avg = data.rolling(window=window).mean()
    return avg
# 转换日期
def changedate(stock_data):
    alldates = []
    riqi = stock_data.index
    for i in range(len(riqi)):
        alldates.append(riqi[i].strftime('%Y-%m-%d'))
    return alldates
# 绘制股票价格走势图
def plot_stock_price(stock_data,alldates):
    # 绘制股票价格和移动平均线图
    plt.figure(figsize=(12, 6))
    plt.plot(alldates, stock_data['ma5'], label='5-day MA')
    plt.plot(alldates, stock_data['ma10'], label='10-day MA')
    plt.xlabel('Date')
    plt.ylabel('Price')
    # 把x轴的刻度间隔设置为20，并存在变量里
    x_major_locator = MultipleLocator(len(alldates)/20)
    ax = plt.gca()
    ax.xaxis.set_major_locator(x_major_locator)
    # 设置x轴的旋转角度为45度
    ax.tick_params(axis='x', rotation=45)
    plt.legend()
```

```
    plt.show()
if __name__ == '__main__':
    w.start()  # 启动 API 接口
    result = w.isconnected()  # 判断 WindPy 是否已经登录成功
    if result == True:
        ticker = '000001.SH'  # 股票代码
        start_date = "2023-04-01"  # 开始日期
        end_date = datetime.datetime.now()  # 结束日期
        window = 20  # 移动平均线的窗口大小
        fields = "open,high,low,close"
        options = "returnType=1;PriceAdj=CP"
        stock_data = get_stock_data(ticker, fields, start_date, end_date,
                                    options)
        alldates = changedate(stock_data)
        # 计算 5 日和 10 日移动平均线
        stock_data['ma5'] = calculate_moving_average(stock_data, 5)
        stock_data2 = get_stock_data(ticker, fields, start_date, end_date,
                                     options)
        stock_data['ma10'] = calculate_moving_average(stock_data2, 10)
        plot_stock_price(stock_data,alldates)
    else:
        print('未连接！')
```

这个程序首先启动Wind接口，然后获取股票代码为000001.SH的股票数据。接着计算了5日、10日的移动平均线，并根据这些移动平均线的交点生成了择时信号。最后，将结果绘制出来，如图3.6所示。

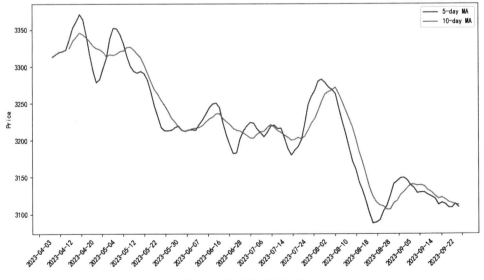

图3.6 股票移动平均线

3.4 数据预处理

在金融领域，Python在数据预处理方面的应用越来越广泛。本节将详细介绍Python在金融领域进行数据预处理的方法和技巧，让大家更好地理解和掌握这一技术。

3.4.1 金融数据的特点

金融数据具有以下特点。

（1）数据量大：金融市场每天产生的交易数据量非常庞大，需要对大量的数据进行处理和分析。

（2）数据类型多样：金融数据包括股票价格、汇率、利率等多种类型的数据，这些数据之间可能存在很大的差异。

（3）数据质量要求高：金融数据的准确性和完整性对于投资者和分析师来说至关重要，因此需要对数据进行严格的预处理。

（4）数据更新频繁：金融市场的变化非常快速，数据的更新频率也很高，需要实时处理和分析数据。

3.4.2 Python在金融数据预处理中的应用

Python在金融数据预处理中的应用主要包括以下几个方面。

（1）数据清洗：金融数据中可能存在缺失值、异常值等问题，需要进行数据清洗。Python提供了丰富的库和方法，如Pandas、NumPy等，可以方便地进行数据清洗。

（2）数据转换：金融数据的类型多样，需要进行数据转换，以便后续的处理和分析。Python提供了灵活的数据类型转换功能，可以方便地实现这一需求。

（3）特征工程：根据金融数据分析的需求，可能需要对原始数据进行特征提取和构建。Python提供了丰富的库和方法，如Scikit-learn、StatsModels等，为金融数据分析中的特征工程提供了强大的支持。

（4）数据可视化：金融数据的分析和解释通常需要通过图表来展示。Python提供了多种数据可视化工具，如Matplotlib、Seaborn等，可以帮助用户更直观地理解数据。

（5）机器学习和深度学习：金融数据分析中，机器学习和深度学习被广泛应用。Python提供了丰富的库和方法，如TensorFlow、Keras等，可以实现各种机器学习和深度学习算法。

3.4.3 Python在金融数据预处理中的示例分析

我们需要先导入必要的库。Python的Pandas库是数据分析的核心工具，它提供了DataFrame数据结构，可以方便地处理结构化数据。同时，还需要使用NumPy库进行数值计算，以及使用

Matplotlib库和Seaborn库进行数据可视化,代码如下。

```python
import pandas as pd
import numpy as np
import matplotlib.pyplot as plt
import seaborn as sns
```

假设我们有一个包含股票价格的数据集,可以使用Pandas的read_csv()函数读取数据,代码如下。

```python
data = pd.read_csv('stock_prices.csv')
```

接下来需要检查数据的完整性。例如,可以查看数据的缺失值情况,代码如下。

```python
data.isnull().sum()
```

如果存在缺失值,可以使用fillna()函数填充缺失值。这里我们使用前一个非缺失值进行填充,代码如下。

```python
data = data.fillna(method='ffill')
```

此外,还需要检查异常值。例如,可以查看股票价格是否在合理的范围内,代码如下。

```python
data['Close'].between(data['Low'], data['High'])
```

如果存在异常值,可以使用条件筛选或Z-score方法进行检测并处理。这里使用Z-score方法,将Z-score大于3或小于-3的值视为异常值,用Python的abs绝对值函数,就可以排除异常值,代码如下。

```python
from scipy import stats
data = data[(np.abs(stats.zscore(data)) < 3).all(axis=1)]
```

接下来需要对数据进行转换。例如,可以将日期转换为datetime类型,方便后续的时间序列分析,代码如下。

```python
data['Date'] = pd.to_datetime(data['Date'])
```

此外,还需要对类别变量进行编码。例如,可以将股票代码转换为独热编码,代码如下。

```python
data = pd.get_dummies(data, columns=['Stock Code'])
```

最后,需要对数据进行归一化处理,使不同的特征在同一尺度上。例如,可以使用MinMaxScaler进行归一化,代码如下。

```python
from sklearn.preprocessing import MinMaxScaler
scaler = MinMaxScaler()
data_scaled = scaler.fit_transform(data)
```

以上就是Python在金融数据预处理中的一些常见应用。通过这些步骤，我们可以清洗和整理数据，为后续的金融分析打下坚实的基础。

3.5 数据分析与挖掘

在当今的金融领域，数据分析和挖掘已经变得越来越重要。通过使用Python进行金融数据分析和挖掘，投资者、交易员和金融专家可以更好地理解市场趋势，预测未来的价格变动，并制定相应的投资策略。本节将介绍如何使用Python进行金融数据分析和挖掘，并通过一个简单的示例来说明其实际应用。

我们需要先了解什么是金融数据分析。简单来说，金融数据分析就是使用统计学、计算机科学和数学等方法，对金融市场的数据进行收集、整理、分析和解释的过程。这些数据可能包括股票价格、债券收益率、货币汇率及其他经济指标。通过对这些数据的分析，我们可以发现市场中的规律和趋势，从而为投资决策提供依据。

数据挖掘是指从大量数据中提取潜在的、有价值的信息和知识的过程。在金融领域，数据挖掘可以帮助投资者发现投资机会、评估投资风险、优化投资策略等。数据挖掘的关键是建立合适的模型。Python提供了丰富的机器学习库，如Scikit-learn、TensorFlow等，可以帮助投资者选择合适的模型并进行训练和优化，以实现投资目标。

下面将通过一个具体的示例来说明如何使用Python进行金融数据分析及挖掘，代码如下。

```python
from pylab import *
from WindPy import w
import datetime
import pandas as pd
import matplotlib.pyplot as plt
# 用来正常显示中文
mpl.rcParams['font.sans-serif'] = ['SimHei']
# 初始化Wind接口
w.start()
# 判断WindPy是否已经登录成功
result = w.isconnected()
if result == True:
    stock_code = "000001.SZ"   # 以平安银行股票代码为例
    start_date = "2023-01-01"
    end_date = datetime.datetime.now().strftime("%Y-%m-%d")
    data = w.wsd(stock_code, "open,high,low,close,volume", start_date,
                 end_date, "Fill=Previous", usedf=True)
    # 将数据转换为DataFrame
```

```
    columns = ["开盘价", "最高价", "最低价", "收盘价", "成交量"]
    df = pd.DataFrame(data[1])
    df.columns = columns
    # 计算收益率
    df["收益率"] = (df["收盘价"] - df["开盘价"]) / df["开盘价"] * 100
    # 计算移动平均线
    df["5日均线"] = df["收盘价"].rolling(window=5).mean()
    df["10日均线"] = df["收盘价"].rolling(window=10).mean()
    df["20日均线"] = df["收盘价"].rolling(window=20).mean()
    # 绘制K线图
    fig, ax = plt.subplots(figsize=(10, 5))
    ax.plot(df.index, df["收盘价"], label="收盘价")
    ax.plot(df.index, df["最高价"], label="最高价")
    ax.plot(df.index, df["最低价"], label="最低价")
    ax.legend(loc="best")
    plt.show()
else:
    print('未连接！')
```

以上代码将从Wind上获取平安银行的股票数据，并进行简单的数据分析及挖掘，包括计算收益率、计算移动平均线和绘制K线图。绘制的K线图如图3.7所示。

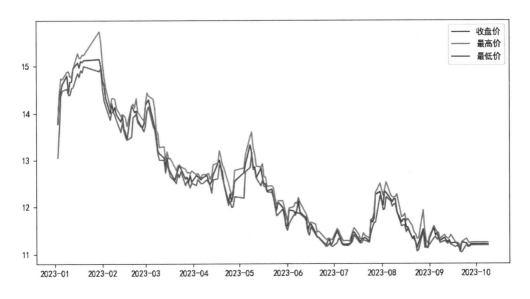

图3.7 平安银行股票K线图

根据自己的需求修改股票代码、时间范围等参数，这样可以进行不同的数据分析及挖掘操作。

随着金融市场的不断发展，Python在金融数据分析与挖掘领域的应用将更加广泛，可以为投资者提供更多的投资机会和优化方案。

3.6 可视化展示

数据可视化在各个领域都有广泛的应用，如商业智能、金融分析、科学研究等。通过数据可视化，我们可以更直观地了解数据的分布、趋势和关系，从而更好地进行决策和预测。此外，数据可视化还可以帮助我们发现数据中的异常值和潜在问题，提高数据分析的准确性和效率。在金融领域，分析师可以通过绘制折线图来展示股票价格的历史走势，以便更好地分析市场趋势和预测未来的价格变化。

Python的可视化展示主要通过Matplotlib、Seaborn、Plotly等库来实现。这些库提供了丰富的图形绘制功能，可以满足各种数据可视化需求。下面简要介绍这些库及示例。

（1）Matplotlib：用于创建二维图表和图形的Python库，提供了丰富的绘图类型，如折线图、散点图、条形图、饼图等。Matplotlib支持多种图形样式，可以通过设置参数来调整。

示例：绘制一个简单的折线图，代码如下。

```
from pylab import *
import matplotlib.pyplot as plt
# 用来正常显示中文
mpl.rcParams['font.sans-serif'] = ['SimHei']
x = [1, 2, 3, 4, 5]
y = [2, 4, 6, 8, 10]
plt.plot(x, y)
plt.xlabel('x轴')
plt.ylabel('y轴')
plt.title('折线图示例')
plt.show()
```

绘制的折线图如图3.8所示。

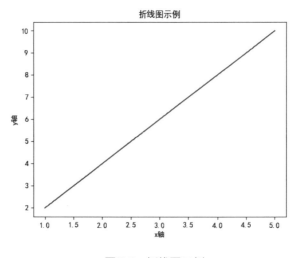

图3.8 折线图示例

（2）Seaborn：这是一个基于Matplotlib的高级数据可视化库，提供了更美观的图形样式和更简洁的API。Seaborn内置了许多常用的统计图表，如箱线图、小提琴图、直方图等。

示例：绘制一个箱线图，代码如下。

```
from pylab import *
import seaborn as sns
import matplotlib.pyplot as plt
# 用来正常显示中文
mpl.rcParams['font.sans-serif'] = ['SimHei']
data = [1, 2, 3, 4, 5, 6, 7, 8, 9, 10]
sns.boxplot(data=data)
plt.xlabel('x轴')
plt.ylabel('y轴')
plt.title('箱线图示例')
plt.show()
```

绘制的箱线图如图3.9所示。

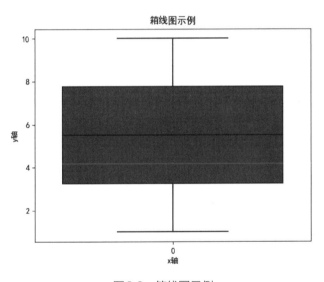

图3.9　箱线图示例

（3）Plotly：这是一个交互式的图形可视化库，支持多种图形类型，如折线图、散点图、条形图、热力图等。Plotly具有高度的定制性和交互性，可以实现动态更新和实时显示。

示例：绘制一个散点图，代码如下。

```
import plotly.express as px
data = {'x': [1, 2, 3, 4, 5], 'y': [2, 4, 6, 8, 10]}
fig = px.scatter(data_frame=data, x='x', y='y')
fig.show()
```

绘制的散点图如图3.10所示。

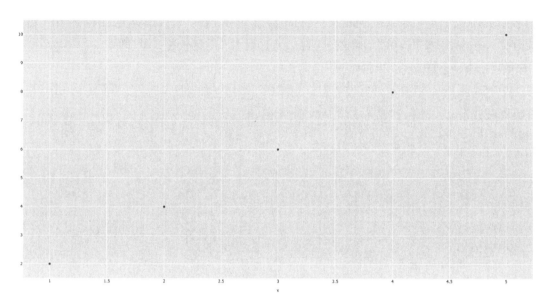

图3.10 散点图示例

根据数据的特点和需求，可以选择不同类型的可视化方法。例如，对于分类变量，可以使用条形图或饼图进行表示；对于连续变量，可以使用折线图或散点图进行表示；对于多维数据，可以使用热力图或箱线图进行表示。在选择可视化类型时，还需要考虑图形的可读性、美观性和表达力，以确保信息的有效传递。

为了使图形更加符合我们的需求，可以调整各种参数来改变图形的样式。例如，可以设置图形的颜色、线型、标记大小等；还可以调整坐标轴的范围、刻度和标签，以便更好地展示数据的范围和变化。通过调整图形参数，可以使数据更加直观和易于理解。

3.7 机器学习的应用

随着科技的不断发展，金融行业也在逐渐引入机器学习技术。这些技术的应用不仅提高了金融服务的效率，还为投资者提供了更加精准的投资建议。本节将介绍金融领域中常用的机器学习算法，并探讨它在金融领域的应用。

机器学习可以让计算机通过数据学习来自动识别模式并做出预测。在金融领域，机器学习可用于风险管理、信用评分、投资组合优化等方面。

3.7.1 金融领域常用的机器学习算法

1. 支持向量机

支持向量机（Support Vector Machine，SVM）是一种监督学习算法，可以用于分类和回归任务。

在金融领域，支持向量机可以用于股票价格预测、欺诈检测等任务。

2. 决策树

决策树（Decision Tree）是一种监督学习算法，通过递归地分割数据集，最终得到一个具有预测能力的树结构。在金融领域，决策树可以用于信用评分、客户细分等任务。

3. 随机森林

随机森林（Random Forest）是一种集成学习算法，通过构建多个决策树并进行投票来进行预测。随机森林可以提高预测的准确性和稳定性，适用于金融领域的风险评估和投资组合优化等任务。

4. K最近邻

K最近邻（K-Nearest Neighbors，KNN）是一种监督学习算法，通过计算待预测样本与训练数据集中样本的距离来进行分类或回归。在金融领域，K最近邻可以用于股票价格预测、推荐系统等任务。

5. 神经网络

神经网络（Neural Networks）是一种模拟人脑神经元结构的算法，可以用于处理复杂的非线性关系。在金融领域，神经网络可以用于股票价格预测、市场情绪分析等任务。

3.7.2　金融领域机器学习的应用案例

1. 信用评分

通过对客户的个人信息、消费行为等数据进行分析，机器学习算法可以为每个客户生成一个信用评分。这些评分可以帮助金融机构判断客户的信用风险，从而决定是否批准贷款或调整贷款利率。

以下是一个使用Python实现的简单信用评分模型，这个模型使用了逻辑回归算法，假设有一些关于借款人的数据，包括年龄、收入、债务率等。

```
from sklearn.linear_model import LogisticRegression
from sklearn.model_selection import train_test_split
import pandas as pd
# 假设有一个包含借款人数据的 DataFrame，列名是 'age', 'income', 'debt_ratio',
# 而 'default' 表示是否违约
df = pd.read_csv('loan_data.csv')
# 将数据分为特征和目标变量
X = df[['age', 'income', 'debt_ratio']]
y = df['default']
# 将数据分为训练集和测试集
X_train, X_test, y_train, y_test = train_test_split(X, y, test_size=0.2,
                                    random_state=42)
# 创建并训练模型
model = LogisticRegression()
model.fit(X_train, y_train)
# 使用模型进行预测
```

```
predictions = model.predict(X_test)
```

机器学习应用于信用评分方面,不仅可以提高信用评分的准确性,还可以实现实时信用评分和个性化信用评分。通过 Python,我们可以方便地实现这些模型,为金融机构提供更高效、更公正的信用评估服务。

2. 股票市场预测

金融市场是一个复杂的系统,受到众多因素的影响,如宏观经济、政策、市场情绪等。传统的股票预测方法往往基于统计学原理,难以捕捉到市场的非线性关系。近年来,机器学习技术的发展为股票市场预测提供了新的思路。通过训练大量的历史股票价格、市场新闻等信息,机器学习算法可以预测未来股票价格的走势。这对于投资者制定投资策略具有重要意义。

时间序列预测是股票市场预测中常用的一种方法。通过对历史股票价格的时间序列进行分析,可以提取周期性、趋势性等特征,进而建立预测模型。常用的时间序列预测模型有 ARIMA、LSTM 等。

以下是一个使用 Python 实现的简单股票市场预测模型,采用基于时间序列的 ARIMA 模型进行预测。

```
# 使用 pandas 库从本地文件中读取数据
import pandas as pd
import numpy as np
from statsmodels.tsa.arima_model import ARIMA
from sklearn.metrics import mean_squared_error
# 读取股票历史价格数据
data = pd.read_csv('stock_price.csv', index_col='date', parse_dates=True)
# 在进行时间序列预测之前,对数据进行预处理,包括缺失值处理、异常值处理等
# 确定 ARIMA 模型参数
model = ARIMA(data, order=(5, 1, 0))
model_fit = model.fit()
# 预测未来一天的股票价格
forecast = model_fit.forecast(steps=1)
print('预测未来一天的股票价格: ', forecast[0])
# 使用均方误差(MSE)来评估模型的预测性能
# 计算预测误差
y_pred = model_fit.predict(start=len(data), end=len(data)+1)
mse = mean_squared_error(data['close'][len(data):], y_pred)
print('均方误差: ', mse)
```

3. 欺诈检测

随着金融科技的发展,金融欺诈行为日益猖獗,给金融机构和消费者带来了巨大的损失。为了有效地防范和打击金融欺诈,金融机构纷纷采用先进的技术手段,其中机器学习技术在欺诈检测方面发挥着越来越重要的作用。金融机构可以利用机器学习算法对交易数据进行实时分析,以检测潜

在的欺诈行为。例如，通过分析交易数据中的异常模式，机器学习算法可以识别出可疑的交易行为，从而及时采取防范欺诈风险的措施。

以下是一个基于Python的简单欺诈检测模型，使用了逻辑回归算法。

```python
# 导入相关库
import pandas as pd
import numpy as np
from sklearn.model_selection import train_test_split
from sklearn.linear_model import LogisticRegression
from sklearn.metrics import accuracy_score, confusion_matrix
# 加载交易数据
data = pd.read_csv('fraud_data.csv')
# 对数据进行预处理
# 处理缺失值
data = data.dropna()
# 特征选择
features = ['feature1', 'feature2', 'feature3']
X = data[features]
y = data['label']
# 将数据集划分为训练集和测试集
X_train, X_test, y_train, y_test = train_test_split(X, y, test_size=0.2,
                                                    random_state=42)
# 使用逻辑回归算法训练模型
model = LogisticRegression()
model.fit(X_train, y_train)
# 评估模型的性能
# 预测
y_pred = model.predict(X_test)
# 评估指标
accuracy = accuracy_score(y_test, y_pred)
confusion = confusion_matrix(y_test, y_pred)
print('Accuracy:', accuracy)
print('Confusion Matrix:', confusion)
```

机器学习技术为金融服务带来了诸多便利和价值。随着技术的不断发展，相信未来的金融领域将更加智能化、高效化。

3.8 实战案例：JQData数据的获取及分析

JQData数据取自上海交易所、深圳交易所、统计局、中国人民银行及上市公司公开的各种财报和公告的原始数据,从源头上保证数据的权威性和准确性。获取的原始数据由聚宽专业的数据团队清洗入库。聚宽数据团队专门为金融机构、学术团体和量化研究者提供本地量化金融数据服务。使用JQData,可快速查看和计算金融数据,无障碍地解决本地、Web、金融终端调用数据的需求。该数据库致力于为政府机构、金融机构、企业和个人提供准确、及时、全面的经济金融数据,帮助其更好地了解市场动态,制定战略决策,降低风险,实现可持续发展。

在JQData官网上可以注册并申请试用,试用期为3个月。JQData申请试用页面,如图3.11所示。

图3.11　JQData申请试用页面

接下来可以通过pip来安装jqdatasdk插件,代码如下。

```
pip install jqdatasdk
```

用Python调用JQData的API,并获取单只股票的行情数据,代码如下。

```
from jqdatasdk import *
auth('注册的用户名','注册的密码')
# 获取股票行情数据
df =get_price('300999.XSHE', start_date= '2022-03-15',end_date='2023-03-15',
fq='post', frequency='daily', fields=['open','close','low','high','volume'])
print(df)  # 输出获取的股票行情数据
```

输出结果如下。这说明已经获取了聚宽数据团队提供的这只股票的基础数据。

```
auth success
             open   close    low   high     volume
2022-03-15  48.95  47.46  46.97  48.95  15264198.0
2022-03-16  48.06  48.36  45.88  48.49  12966849.0
2022-03-17  48.58  49.43  48.58  50.36  13797590.0
2022-03-18  49.07  49.64  48.89  49.87  11148783.0
2022-03-21  49.62  50.40  49.30  50.85  12183256.0
    ...      ...    ...    ...    ...        ...
```

```
2023-03-09    45.37    44.71    44.54    45.54     7758462.0
2023-03-10    44.57    44.33    44.29    44.87     5369074.0
2023-03-13    44.15    44.62    44.12    44.78     4891114.0
2023-03-14    44.62    43.08    42.83    44.63    12554160.0
2023-03-15    43.39    43.12    43.05    43.54     5087508.0
[244 rows x 5 columns]
```

3.8.1　计算涨跌幅

因为股票的买入卖出和这只股票的涨跌幅有直接关系，所以在Python中使用shift函数来计算股票的涨跌幅，为以后的交易作铺垫。涨跌幅计算公式：

$$涨跌幅 = \frac{当期收盘价 - 前期收盘价}{前期收盘价}$$

代码如下。

```
def get_single_price(code,start_date,end_date,time_freq):
    '''
        获取单只股票行情数据
    :param code:
    :param start_date:
    :param end_date:
    :param time_freq:
    :return:
    '''
    data = get_price(code,start_date=start_date,end_date=end_date,
                    frequency=time_freq,panel=False)
    return data
def calculate_change_pct(data):
    '''
        涨跌幅 =（当期收盘价 - 前期收盘价）/ 前期收盘价
    :param data: dataframe 带有收盘价
    :return: dataframe 带有涨跌幅
    '''
    data['close_pct'] = (data['close']-data['close'].shift(1))/ 
                        data['close'].shift(1)
    return data
# 获取平安银行的行情数据
data = st.get_single_price('000001.XSHE','2023-03-01','2023-04-01','daily')
# 计算涨跌幅
changedata = st.calculate_change_pct(data)
```

3.8.2 计算买入卖出信号

因为股票的交易时间点和最后成交的价格会直接影响最后的收益，所以根据创建的交易策略：周四买入，周一卖出，生成交易信号。

```python
import numpy as np
def week_period_strategy(code,start_date,end_date,time_freq):
    # 调用前面用到的获取单只股票行情数据的函数
    data = get_single_price(code,start_date,end_date,time_freq)
    # 新建周四字段
    data['weekday'] = data.index.weekday
    # 周四买入
    data['buy_single'] = np.where((data['weekday']==3),1,0)
    # 周一卖出
    data['sell_single'] = np.where((data['weekday']==0),-1,0)
    # 整合信号
    data['buy_single'] = np.where((data['buy_single']==1)
        & (data['buy_single'].shift(1)==1),0,data['buy_single'])
    data['sell_single'] = np.where((data['sell_single']==-1)
        & (data['sell_single'].shift(1)==-1),0,data['sell_single'])
    data['single'] = data['buy_single'] + data['sell_single']
    return data
if __name__=='__main__':
    data = week_period_strategy('000001.XSHE','2023-04-01',
        '2023-04-30','daily')
    print(data[['close','weekday','buy_single','sell_single','single']])
```

输出结果如图3.12所示。其中，single为交易信号，1为买，-1为卖。

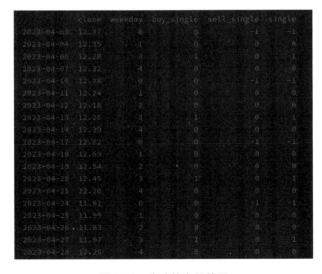

图3.12 生成的交易信号

3.8.3 计算持仓收益率

持仓收益率是指投资者在持有某项金融资产期间，由于资产价格上涨、分红、利息等因素带来的总收益与初始投资成本之间的比率，用于衡量投资者在一定时期内的投资回报率。根据前面计算出的买入卖出信号，持仓收益率的计算公式为：

持仓收益率=（卖出信号对应的价格–买入信号对应的价格）/买入信号对应的价格

计算持仓收益率的代码如下。

```
import matplotlib.pyplot as plt
# 调用前面用到的函数 week_period_strategy
data = week_period_strategy('000911.XSHE','2023-01-01','2023-07-18','daily')
# 计算股票：000911.XSHE 持仓收益率
data = data[data['single'] != 0]   # 筛选
data['profit_pct'] = (data['close'] - data['close'].shift(1)) /
                    data['close'].shift(1)
# 计算每次平仓的收益率
df = data[data['single']==-1]
# 输出数据整体表现
print(df.describe())
# 绘制股票收益率图
df['profit_pct'].plot()
plt.show()
```

输出结果如图3.13所示。

```
            open        close       high         low        volume    ...   weekday
count   26.000000   26.000000   26.000000   26.000000   2.600000e+01   ...      26.0
mean     9.240000    9.284615    9.456538    9.101538   1.386405e+07   ...       0.0
std      1.063267    1.131739    1.198142    1.027621   1.004994e+07   ...       0.0
min      7.740000    7.780000    7.820000    7.700000   3.090501e+06   ...       0.0
25%      8.125000    8.025000    8.132500    7.965000   6.218100e+06   ...       0.0
50%      9.375000    9.320000    9.615000    9.225000   1.100158e+07   ...       0.0
75%     10.170000   10.172500   10.365000    9.997500   2.062555e+07   ...       0.0
max     10.860000   11.110000   11.310000   10.750000   3.685411e+07   ...       0.0

        buy_single  sell_single  single   profit_pct
count         26.0         26.0    26.0    26.000000
mean           0.0         -1.0    -1.0     0.010036
std            0.0          0.0     0.0     0.048479
min            0.0         -1.0    -1.0    -0.089197
25%            0.0         -1.0    -1.0    -0.019056
50%            0.0         -1.0    -1.0     0.001560
75%            0.0         -1.0    -1.0     0.050853
max            0.0         -1.0    -1.0     0.113230
```

图3.13　000911.XSHE股票的整体表现

从上面的输出结果可以看出：count为统计的次数，即26次；mean为该股票的平均收益，即

0.010036×100=1.0036%；std为标准差，即0.048479×100=4.8479%；min为最小值的收益，即−0.089197×100=−8.9197%；max为最大值的收益，即0.11323×100=11.323%。从这些数据来看，这只股票在2023年1月1日到2023年7月18日按照周四买入、周一卖出的交易策略是正收益的。

000911.XSHE股票的收益率结果如图3.14所示。

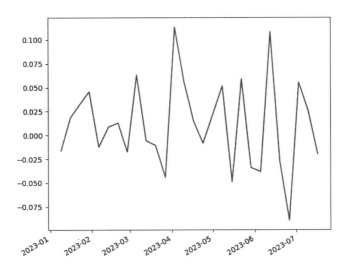

图3.14　000911.XSHE股票的收益率结果

3.9　小结

本章主要介绍了如何获取金融数据及如何在实际金融场景中使用Python进行数据处理、分析和可视化展示。在选择和获取数据方面，介绍了9种获取股票数据的途径及其优缺点，通过案例讲解了如何获取新浪财经数据。然后，介绍了如何使用Wind数据进行简单的择时分析。

在数据预处理方面，讨论了如何清洗和整理金融数据，以便在后续的分析中能够更好地使用数据。此外，还介绍了如何使用Python对金融数据进行分析和挖掘，从而发现数据中隐藏的信息和规律。

在可视化展示方面，介绍了如何使用Python绘制各种金融图表，以便更直观地展示数据和分析结果。此外，还介绍了如何使用机器学习技术进行金融数据分析，从而实现对金融市场的预测和决策。

最后，通过一个实战案例介绍了如何使用JQData数据进行金融数据分析。这个案例展示了从数据获取、数据预处理、数据分析到数据可视化展示的全过程，提供了实用的金融数据分析实践经验。

学习本章的内容，有助于我们在实际的金融场景中更好地应用Python进行数据分析和决策。

第 4 章
MySQL 数据库详解及应用

本章导读

MySQL 数据库在金融领域的应用极为广泛，从传统的银行、保险、证券到新兴的互联网金融公司，都在大量使用 MySQL 数据库进行数据管理。本章将详细介绍 MySQL 在金融行业中的应用场景及如何使用 MySQL 进行金融数据的管理和分析。

MySQL 数据库的优势为开源且免费，可以降低金融企业的成本；具有高性能的并发处理能力，能够满足金融行业高并发的需求；提供了丰富的数据类型和存储功能，可以满足金融数据的各种存储需求。

在金融行业中，MySQL 数据库主要应用于客户关系管理、风险管理、财务管理等业务领域。客户关系管理系统通过 MySQL 存储和分析客户数据，提高客户满意度和客户忠诚度。风险管理系统利用 MySQL 数据库进行数据处理和分析，以识别和评估金融风险。财务管理系统的数据存储和分析也离不开 MySQL 数据库的支持。

此外，金融行业的数据往往涉及大量的实时计算和复杂查询，MySQL 数据库通过索引、分区等技术，可以有效地提高查询速度，满足金融行业高性能需求的应用场景。

通过学习本章内容，读者可以掌握在金融行业中使用 MySQL 数据库的方法，从而提高数据管理和分析的效率。

知识要点

- MySQL 数据库简介：介绍 MySQL 的特点、安装与配置。
- MySQL 数据库的基本操作：介绍 MySQL 数据库的基本操作方法，以及一些针对 MySQL 数据库常用的 SQL 语句和简要说明。
- MySQL 数据库操作详解：详细介绍如何执行 SQL 语句、关闭游标和连接、使用预处理语句和处理异常情况。

● Wind 金融数据在 MySQL 数据库里的应用：通过案例展示如何从 Wind 终端 API 接口下载股票相关数据，并将这些数据保存至本地的 MySQL 数据库，以及进行进一步的加工处理和分析。

4.1　MySQL 数据库简介

MySQL 是一个关系型数据库管理系统，由瑞典 MySQL AB 公司开发，目前属于 Oracle 旗下产品。

4.1.1　MySQL 的特点

MySQL 是一个广泛应用于各类项目开发的开源关系型数据库管理系统，其强大的功能和优越的性能赢得了广泛的认可。MySQL 具备以下特点。

（1）开源：MySQL 是开源的，这意味着用户可以免费使用和修改源代码。

（2）存储引擎独特：MySQL 使用了一种名为 MyISAM 的独特存储引擎，它具有高性能、高并发、高可用等特点。

（3）易用：MySQL 易于安装和使用，有许多图形化的管理工具，如 phpMyAdmin 等。

（4）安全性高：MySQL 提供了多种安全机制，如用户权限控制、数据加密等，以保证数据的安全性。

（5）可扩展：MySQL 支持各种存储引擎，可以根据不同的应用场景选择合适的存储引擎。

（6）跨平台运行：MySQL 可以在多种操作系统上运行，如 Windows、Linux、macOS 等。

（7）成本低：MySQL 是开源的，可以免费使用。此外，由于其高性能和可扩展性，使用 MySQL 可以减少硬件和软件的开支。

（8）社区支持：MySQL 应用广泛，并且有一个庞大的开发者社区提供各种工具、插件和解决方案，可以帮助用户解决各种问题。

（9）数据完整：MySQL 提供了严格的数据完整性检查，如主键约束、外键约束和唯一约束等，以确保数据的准确性和一致性。

（10）事务处理严谨：MySQL 支持 ACID（Atomicity、Consistency、Isolation、Durability，即原子性、一致性、隔离性、持久性）事务处理，这意味着数据库操作将被视为一个单元，要么全部成功，要么全部失败。

（11）数据可备份、恢复：MySQL 提供了多种备份和恢复机制，可以帮助用户快速备份和恢复数据。

（12）高并发支持：MySQL 通过多线程等技术，可以很好地支持高并发访问，满足大规模网站的需求。

（13）支持视图和索引：MySQL 通过视图和索引，可以帮助用户简化查询操作，提高查询效率。

（14）支持表分区：MySQL通过表分区，可以将一个大表分成多个小表，以提高查询和管理的效率。

（15）数据迁移方便：MySQL提供了多种数据迁移工具，可以帮助用户轻松地将数据从一个数据库迁移到另一个数据库。

4.1.2 MySQL 的安装与配置

在 Windows 系统下，MySQL 的安装与配置都非常简便，本小节将介绍具体的操作过程。

为什么大多数情况下选择在 Windows 系统下安装 MySQL？

（1）兼容性强：Windows 系统在全球范围内使用广泛，大多数开发者和企业都熟悉该操作系统。在 Windows 系统下安装 MySQL 可以确保良好的兼容性，使数据库的部署和管理更加便捷。

（2）界面友好：Windows 系统提供了图形化界面，使用户可以更直观地完成 MySQL 的安装与配置。这对于不熟悉命令行的用户来说，可以降低学习成本，提高工作效率。

（3）资源丰富：由于 Windows 系统的普及，网络上关于在 Windows 系统下安装与配置 MySQL 的教程和资源非常丰富，用户遇到问题时可以更容易找到解决方法。

（4）系统稳定：Windows 系统具有较高的稳定性，能够为 MySQL 提供良好的运行环境，降低故障风险。

（5）社区支持：MySQL 在 Windows 平台上有强大的社区支持，用户可以在社区中寻求帮助、分享经验。这有助于提高 MySQL 在 Windows 系统下的应用水平，推动数据库技术的发展。

综上所述，选择在 Windows 系统下安装 MySQL 具有很多优势，可以满足大多数开发者和企业的需求。接下来，将详细介绍如何在 Windows 系统下安装与配置 MySQL。

（1）下载 MySQL 安装包：访问 MySQL 官网，下载适合 Windows 系统的 MySQL Community Server 安装包。选择对应的操作系统，如 Windows (x86, 64-bit)，然后单击"Download"按钮，如图4.1所示。

单击"No thanks, just start my download"，如图4.2所示。等待下载完成。

图4.1　下载MySQL安装包界面

图4.2　下载MySQL安装包等待界面

(2)安装MySQL：在下载的目录中双击下载好的安装包，启动安装程序，然后单击"Next"按钮，如图4.3所示。

①进入安装流程，勾选"I accept the terms in the License Agreement"复选框，然后单击"Next"按钮，如图4.4所示。

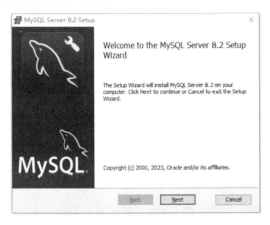

图4.3　安装MySQL界面　　　　　　　　图4.4　同意界面

②根据自己的需要选择安装的类型。这里选择"Custom"按钮，我们可以修改安装路径，如图4.5所示。

③修改好安装路径，单击"OK"按钮，如图4.6所示。

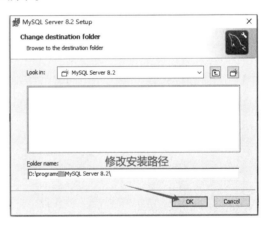

图4.5　选择需要安装的类型　　　　　　　图4.6　修改安装路径

④在弹出的新界面中单击"Next"按钮，然后在显示"Install"按钮的界面中单击"Install"按钮，等待安装，如图4.7所示。

⑤安装完成，单击"Finish"按钮，如图4.8所示。

（3）MySQL的配置：上面单击"Finish"按钮后，因为MySQL自动勾选了"Run MySQL Configurator"复选框，所以会自动打开配置页面，在这里单击"Next"按钮，如图4.9所示。

①在MySQL配置端口界面，记住默认端口是3306，然后单击"Next"按钮，如图4.10所示。

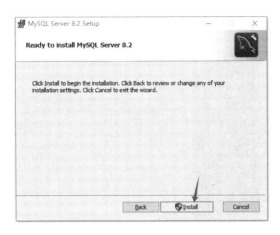
图4.7　单击"Install"按钮并等待安装

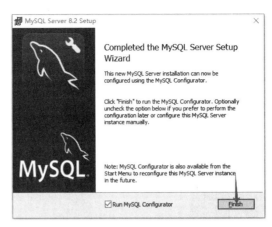
图4.8　单击"Finish"按钮完成安装

图4.9　MySQL配置页面

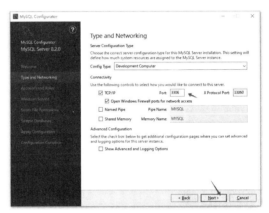
图4.10　MySQL配置端口界面

②设置Root用户密码，然后根据需要添加自己的用户名和密码，在弹出的对话框中单击"OK"按钮，接着单击"Next"按钮，如图4.11所示。

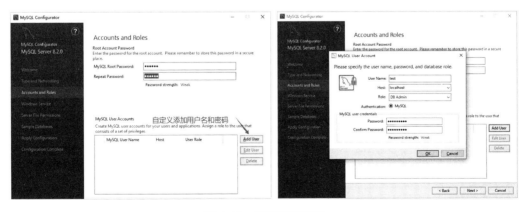
图4.11　设置密码界面

③修改服务器名称，默认开机启动，然后单击"Next"按钮，如图4.12所示。

④在弹出的界面中不要修改默认值，直接单击"Next"按钮，如图4.13所示。

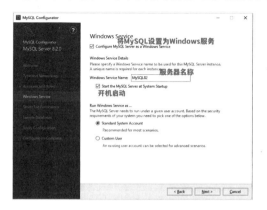

图4.12　设置服务器界面

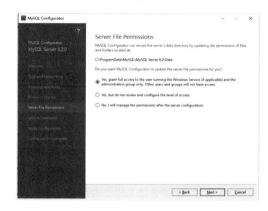

图4.13　服务器文件权限界面

⑤不勾选示例数据库（Sample Databases）中的选项，直接单击"Next"按钮，如图4.14所示。

⑥单击"Execute"按钮，安装及更新应用配置，如图4.15所示。

图4.14　示例数据库界面　　　　图4.15　安装及更新应用配置界面

⑦配置成功后，单击"Next"按钮，如图4.16所示。

⑧单击"Finish"按钮，完成MySQL的配置，如图4.17所示。

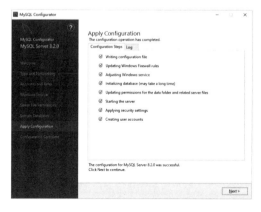

图4.16　配置成功界面

图4.17　完成配置界面

（4）配置MySQL的环境变量如下。

①打开MySQL安装路径（见图4.18），选择bin目录并右击，在弹出的快捷菜单中选择"复制地址"选项。

②右击"此电脑"，在弹出的快捷菜单中选择"属性"选项，如图4.19所示。

③单击"高级系统设置"链接，如图4.20所示。

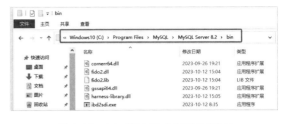

图4.18　MySQL的安装路径界面

图4.19　选择此电脑属性界面

图4.20　高级系统设置界面

④在弹出的对话框中单击"环境变量"按钮，如图4.21所示。

⑤在弹出的对话框中选择"Path"选项，然后单击"编辑"按钮，如图4.22所示。

⑥在弹出的对话框中单击"新建"按钮，在列表框的最后一行会出现空白行，把前面复制的MySQL的安装路径粘贴过来，然后单击"确定"按钮，如图4.23所示。

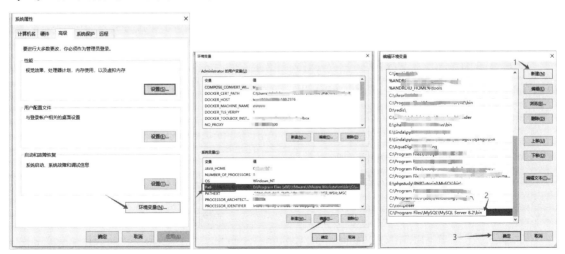

图4.21　"系统属性"对话框　　　图4.22　"环境变量"对话框　　　图4.23　新建环境变量

（5）验证MySQL是否可用。

①按Win+R快捷键，在弹出的对话框中输入"cmd"（见图4.24），然后单击"确定"按钮，弹出命令提示符窗口。

②在弹出的命令提示符窗口中输入"mysql --version"，如果可以正确输出版本，则表明MySQL的环境变量设置正确，如图4.25所示。

③在弹出的命令提示符窗口中先输入"mysql -u root -p"，接着输入之前设置的密码。进入MySQL命令行编辑模式，输入"show databases"，按Enter键。如果显示数据库，如图4.26所示，则表明MySQL配置成功。

图4.24　输入"cmd"

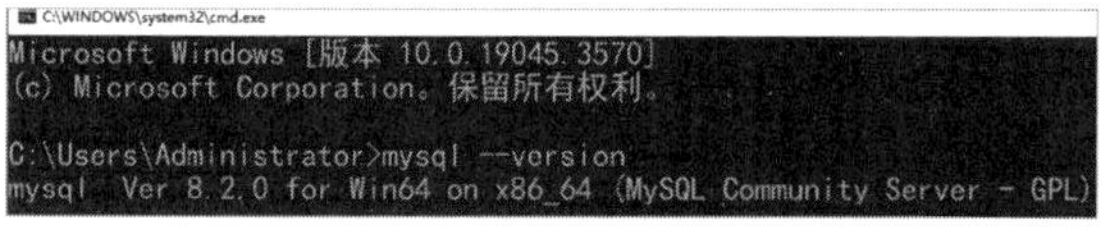

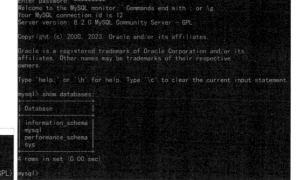

图4.26　显示数据库

图4.25　命令提示符窗口

通过完成以上步骤，已经成功地在Windows系统下安装并配置了MySQL。在实际应用中，根据项目需求，可能还需要对MySQL进行更深入的学习和优化。

4.2　MySQL数据库的基本操作

本节旨在介绍对MySQL数据库的基本操作，帮助读者了解并掌握MySQL的基本应用技巧。从数据库的创建和管理开始，我们将逐步学习如何进行插入、查询、更新和删除数据等基本操作。以下是一些针对MySQL数据库常用的SQL语句及简要说明。

（1）创建表：CREATE TABLE table_name (column1 datatype, column2 datatype, ...);

说明：创建一个新表，指定列名和数据类型。

例如：创建一个名为users的表，包含id、name和age 3个字段，其中id字段是主键，代码如下。

```
CREATE TABLE users (id INT PRIMARY KEY, name VARCHAR(50), age INT);
```

（2）插入数据：INSERT INTO table_name (column1, column2, ...) VALUES (value1, value2, ...);

说明：向表中插入一条新记录。

例如：向users表中插入一条记录，即id为1，name为王五，age为35，代码如下。

```
INSERT INTO users (id, name, age) VALUES (1, '王五', 35);
```

（3）查询数据：SELECT column1, column2, ... FROM table_name WHERE condition;

说明：从表中查询符合条件的记录。

例如：查询users表中年龄大于28的所有记录。condition可以是比较运算符（如>、<、=）或逻辑运算符（如AND、OR），代码如下。

```
SELECT * FROM users WHERE age > 28;
```

（4）更新数据：UPDATE table_name SET column1 = value1, column2 = value2, ... WHERE condition;

说明：更新表中符合条件的记录。

例如：将users表中名字为张三的记录的年龄更新为26，代码如下。

```
UPDATE users SET age = 26 WHERE name = '张三';
```

（5）删除数据：DELETE FROM table_name WHERE condition;

说明：删除表中符合条件的记录。

例如：删除users表中id为1的记录，代码如下。

```
DELETE FROM users WHERE id = 1;
```

（6）添加列：ALTER TABLE table_name ADD column_name datatype;

说明：在表中添加新的列。

例如：在users表中添加一个名为email的字段，数据类型为VARCHAR(50)，代码如下。

```
ALTER TABLE users ADD email VARCHAR(50);
```

（7）修改列：ALTER TABLE table_name MODIFY column_name datatype;

说明：修改表中已有列的数据类型。

例如：将users表中的age字段的数据类型修改为INT，代码如下。

```
ALTER TABLE users MODIFY age INT;
```

（8）删除列：ALTER TABLE table_name DROP COLUMN column_name;

说明：删除表中的某一列。

例如：删除users表中的email字段，代码如下。

```
ALTER TABLE users DROP COLUMN email;
```

（9）重命名表：ALTER TABLE old_table_name RENAME TO new_table_name;

说明：将表名从old_table_name重命名为new_table_name。

例如：将users表重命名为user_info，代码如下。

```
ALTER TABLE users RENAME TO user_info;
```

（10）创建索引：CREATE INDEX index_name ON table_name (column_name);

说明：在表中创建一个索引，以提高查询速度。

例如：在users表的age字段上创建一个名为idx_age的索引，代码如下。

```
CREATE INDEX idx_age ON users (age);
```

（11）删除索引：DROP INDEX index_name ON table_name;

说明：删除表中的某个索引。

例如：删除users表中名为idx_age的索引，代码如下。

```
DROP INDEX idx_age ON users;
```

（12）创建视图：CREATE VIEW view_name AS SELECT column1, column2, ... FROM table_name WHERE condition;

说明：创建一个视图，基于表中的某些条件筛选出符合条件的记录。

例如：创建一个名为user_view的视图，包含年龄大于18的用户的信息，代码如下。

```
CREATE VIEW user_view AS SELECT id, name, age FROM users WHERE age > 18;
```

（13）删除视图：DROP VIEW view_name;

说明：删除一个视图。

例如：删除名为user_view的视图，代码如下。

```
DROP VIEW user_view;
```

（14）修改视图：ALTER VIEW view_name AS SELECT column1, column2, ... FROM table_name WHERE condition;

说明：修改一个视图的定义。

例如：将名为user_view的视图的定义修改为包含年龄大于等于18的用户的信息，代码如下。

```
ALTER VIEW user_view AS SELECT id, name, age FROM users WHERE age >= 18;
```

总之，通过掌握对MySQL数据库的基本操作和安全性措施，用户可以更加高效地管理关系型数据库中的数据，保障数据的安全性和完整性。在实际工作中，还需要根据业务需求和场景灵活运用这些知识和技能，以实现更高效的数据库应用。

4.3 MySQL数据库操作详解

Python作为一种简洁、易读的编程语言，丰富的库和模块使其在操作数据库方面具有很大的优势。本节将介绍如何使用Python来操作MySQL数据库，从而更好地进行数据处理和分析。

我们需要先了解Python与MySQL之间的连接方式。Python提供了多种库来连接MySQL数据库，如mysql-connector-python、pymysql等。这些库通过提供API来实现Python与MySQL之间的通信，使用户可以轻松地在Python程序中执行SQL语句，从而实现对数据库的增删改查操作。

接下来，以pymysql为例，介绍如何安装和使用这些库。

我们需要使用pip工具来安装pymysql库，命令为：pip install pymysql。安装完成后，可以在Python代码中导入pymysql库，并创建一个数据库连接及数据库连接配置，代码如下。

```
import pymysql
# 数据库连接配置
Configs = {
    'host': 'localhost',
    'user': '你的数据库的用户名',
    'password': '你的数据库的密码',
    'port': 3306,
    'database': '你的数据库的名称',
    'charset': 'utf8',
    'auth_plugin': 'mysql_native_password'
}
# 创建游标对象，建立连接
connection = pymysql.connect(Configs)
cursor = connection.cursor()
```

4.3.1 执行 SQL 语句

1. 执行插入操作

执行插入操作，示例代码如下。

```
sql = "INSERT INTO users_test (username, password) VALUES (%s, %s)"
values = ('test_user', 'test_password')
cursor.execute(sql, values)
# 提交事务
connection.commit()
```

2. 执行查询操作

执行查询操作，示例代码如下。

```
sql = "SELECT * FROM users_test"
cursor.execute(sql)
# 获取所有查询结果
result = cursor.fetchall()
# 输出查询到的结果
```

```
for row in result:
    print(row)
```

3. 执行更新操作

执行更新操作,示例代码如下。

```
sql = "UPDATE users_test SET password=%s WHERE username=%s"
values = ('new_password', 'test_user')
cursor.execute(sql, values)
# 提交事务
connection.commit()
```

4. 执行删除操作

执行删除操作,示例代码如下。

```
sql = "DELETE FROM users_test WHERE username=%s"
values = ('test_user',)
cursor.execute(sql, values)
# 提交事务
connection.commit()
```

4.3.2 关闭游标和连接

1. 关闭游标

关闭游标,代码如下。

```
cursor.close()
```

2. 关闭连接

关闭连接,代码如下。

```
connection.close()
```

4.3.3 使用预处理语句

在执行SQL语句时,为了防止SQL注入攻击,可以使用预处理语句。预处理语句由参数和占位符组成,可以将参数绑定到SQL语句中,然后执行。示例代码如下。

```
sql = "INSERT INTO users (name, age) VALUES (%s, %s)"
values = ('John Doe', '28')
cursor.execute(sql, values)
# 提交事务
connection.commit()
```

4.3.4 处理异常情况

在操作数据库时，可能会遇到各种异常情况，如连接失败、执行 SQL 语句失败等。因此，需要使用 try...except...finally 结构进行异常处理。示例代码如下。

```
try:
    # 业务代码
    cnx = mysql.connector.connect(user='root', password='password',
                                  host='127.0.0.1', database='test_db')
    cursor = cnx.cursor()
    sql = "SELECT * FROM users"
    cursor.execute(sql)
    result = cursor.fetchall()
    for row in result:
        print(row)
# 异常处理
except mysql.connector.Error as err:
    # 输出异常信息
    print("Something went wrong: {}".format(err))
    # 回滚事务，以保证数据的一致性
    cnx.rollback()
# 清理代码，关闭连接
finally:
    if cursor:
        cursor.close()
    if cnx:
        cnx.close()
```

至此，我们可以实现使用 Python 操作 MySQL 数据库。当然，实际应用过程中可能还需要考虑其他因素，如连接池的管理、事务的回滚等。但总体来说，以上内容能满足大部分场景的需求。

4.4 实战案例：Wind 金融数据在 MySQL 数据库里的应用

本节将通过一个具体的实战案例来展示如何从 Wind 终端 API 接口下载股票相关数据，并将这些数据保存至本地的 MySQL 数据库，以供进一步的加工处理和分析。通过这个实战案例，读者将深入了解如何运用 Wind 终端 API 接口获取实时、准确的股票数据，并将其应用于实际的投资和研究中。这有助于读者更好地掌握金融数据分析的方法和技巧，为投资决策和研究提供更有力的支持。

第 3 章已经学习了如何从 Wind 获取金融数据，现在我们需要从 Wind 终端或 Wind 资讯量化接口个人免费版中下载股票相关数据，保存至本地 MySQL 数据库，进行进一步的加工处理和分析。

在进行金融数据分析之前，先简单解释一下最大回撤率和夏普比率的概念及其公式。

最大回撤率是一种衡量投资组合风险的重要指标，它表示在一段时间内，产品净值从最高点到最低点的最大跌幅，即描述买入产品后可能出现的最糟糕的情况。最大回撤率可以帮助投资者了解该产品的抗风险能力，最大回撤率越高，则意味着该产品的风险越大，投资者需要更多的风险承受能力来应对这种风险。

最大回撤率的计算公式为：

$$最大回撤率 = (谷值 - 峰值) \div 峰值$$

其中，时间周期中的最大净值即峰值，时间周期中的最小净值即谷值。

夏普比率由诺贝尔经济学奖得主威廉·夏普提出，是用来描述投资组合优劣的一种方法。它是投资组合超额回报与投资组合总风险之比，用以衡量单位总风险所获得的超额回报率。夏普比率越大，投资组合的风险调整性能越好。

夏普比率的计算公式为：

$$夏普比率 = (投资组合的预期收益率 - 无风险收益率) \div 投资组合的标准差$$

其中的参数含义如下。

（1）投资组合的预期收益率：投资者预期从投资中获得的收益率。这个预期收益率可以是年化收益率，也可以是季度收益率等。

（2）无风险收益率：投资者在没有任何风险的情况下可以获得的收益率。通常，无风险收益率可以用国债的年化收益率来衡量。

（3）投资组合的标准差：投资组合收益波动的度量。标准差越大，说明投资组合的收益波动性越大；标准差越小，说明投资组合的收益波动性越小。

通过计算和比较不同股票的夏普比率，投资者可以选择那些具有高夏普比率的股票进行投资，因为这些股票能提供更高的超额回报，同时承担的风险相对较小。

示例代码如下。

```python
from sqlalchemy import create_engine
import pandas as pd
from WindPy import w
import time
import matplotlib.pyplot as plt
# 用来正常显示中文
plt.rcParams['font.sans-serif']=['SimHei']
# 用来正常显示负号
plt.rcParams['axes.unicode_minus'] = False
def caculate_max_drawdown(data):
    """
    计算最大回撤率
```

```python
    :param data:
    :return:
    """
    # 选取时间周期，即一年的交易日
    window = 252
    # 计算时间周期中的最大净值，即峰值
    data['rolling_max'] = data['close'].rolling(window=window,min_periods=1).\
                         max()
    # 计算当天的回撤率 =（谷值-峰值）/峰值= 谷值 / 峰值 - 1
    data['daily_drawdown'] = data['close']/data['rolling_max'] - 1
    # 选取时间周期内最大的回撤率，也就是最大回撤率
    data['max_drawdown'] = data['daily_drawdown'].rolling(window,
                          min_periods=1).min()
    return data
def caculate_sharpe(data):
    """
    计算夏普比率
    :param data:
    :return:
    """
    # 夏普比率公式：sharpe =（投资组合的预期收益率 - 无风险收益率）/ 投资组合的标准差
    daily_return = data['close'].pct_change()
    avg_return = daily_return.mean()
    sd_return = daily_return.std()
    # 计算夏普比率
    sharpe = avg_return / sd_return
    # 计算年化的夏普比率
    sharpe_year = sharpe * np.sqrt(252)
    return sharpe,sharpe_year
# 启动 Wind 接口
isconnected = w.isconnected()
engine = create_engine('mysql+pymysql://root:root2021@localhost:3306/test01')
if isconnected == True:
    alldatas = []
    allcodenames = []
    # 获取当前时间
    start_date = "2022-07-01"
    end_date = "2023-07-03"
    # 获取3只股票的数据：张江高科、平安银行、金龙鱼
    symbols = ['600895.SH','000001.SZ','300999.SZ']
    j = 0
    for symbol in symbols:
        try:
```

```python
            stock = w.wsd(symbol,"sec_name,open,high,low,close,volume",
                    start_date,end_date)
            index_data = pd.DataFrame()
            print('symbol', symbol)
            index_data['sec_name'] = stock.Data[0]
            index_data['open'] = stock.Data[1]
            index_data['high'] = stock.Data[2]
            index_data['low'] = stock.Data[3]
            index_data['close'] = stock.Data[4]
            index_data['volume'] = stock.Data[5]
            allcodenames.append(stock.Data[0][j])
            index_data = index_data[index_data['open'] > 0]
            df = caculate_max_drawdown(index_data)
            # 存入数据库
            index_data.to_sql('stock_datas', engine, if_exists='append')
            # 绘制当天的回撤率及最大回撤率
            maxhc = pd.DataFrame(df, columns=['daily_drawdown',
                                             'max_drawdown'])
            maxhc.plot.line(title=stock.Data[0][j] + ' 的最大回撤率 ')
            plt.show()
            j = j + 1
    except Exception as e:
        # 如果写入数据库失败，则写入日志表，这样便于后续分析和处理
        error_log = pd.DataFrame()
        error_log['trade_date'] = stock.Times
        error_log['sec_name'] = stock.Data[0]
        error_log['start_date'] = start_date
        error_log['end_date'] = end_date
        error_log['error_info'] = e
        error_log['created_date'] = time.strftime('%Y-%m-%d %H:%M:%S',
                                    time.localtime(time.time()))
        error_log.to_sql('stock_error_log', engine, if_exists='append')
        continue
# 读取数据展示，可视化 3 只股票作比较
for i in range(len(allcodenames)):
    sql = "select sec_name,close from stock_datas where sec_name='" + 
        allcodenames[i] + "'"
    thirddf = pd.read_sql_query(sql,engine)
    sharpe, sharpe_year = caculate_sharpe(thirddf)
    alldatas.append([allcodenames[i], sharpe_year])
    allhuiche = pd.DataFrame(alldatas,columns=['code',
                             'sharpe_year']).set_index('code')
    # 绘制条形图
```

```
allhuiche.plot.bar(title=' 年化的夏普比率比较 ')
plt.xticks(rotation=30)
plt.show()
```

3只股票的最大回撤率如图4.27所示。

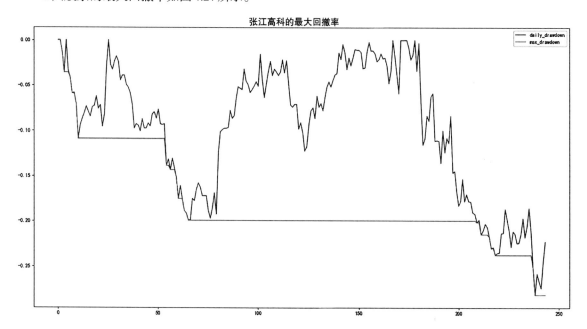

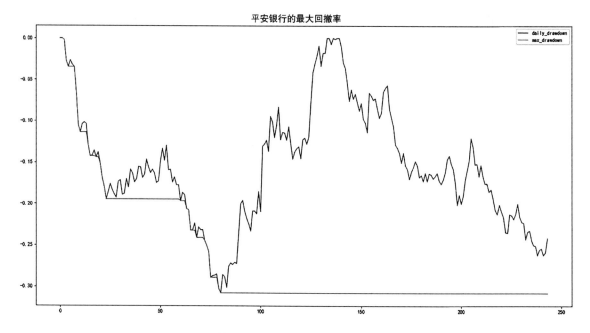

图4.27　3只股票的最大回撤率

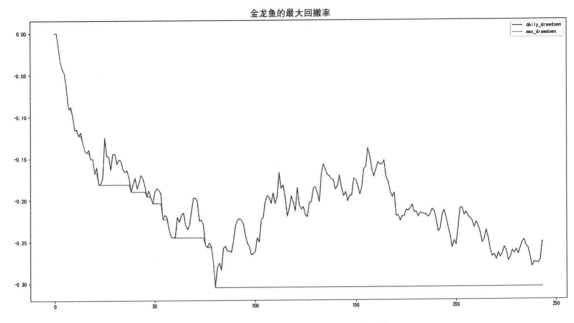

图4.27 3只股票的最大回撤率（续）

3只股票的年化夏普比率比较如图4.28所示。

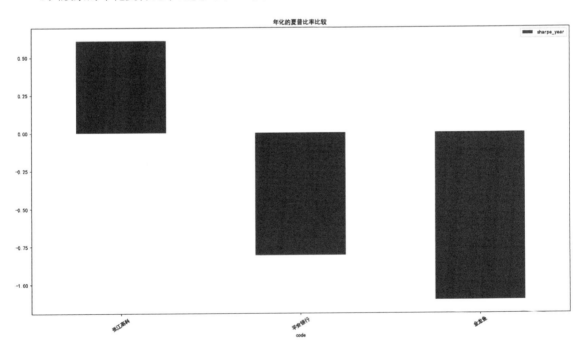

图4.28 3只股票的年化夏普比率比较

通过本节的介绍，相信大家已经学会了如何从Wind终端API接口下载股票相关数据，并将这些数据保存至本地的MySQL数据库。这一过程可以帮助用户获取实时的股票数据，为用户的投资决策和研究提供有力的支持。接下来，用户可以利用本地的 MySQL 数据库对下载的数据进行更深入的加工处理和分析。

4.5 小结

本章详细介绍了 MySQL 数据库的基本概念、安装、基本操作，以及使用 Python 操作 MySQL 数据库的基本功能详解及示例。其中重点讲解了如何使用 Python 连接和操作 MySQL 数据库，以及如何使用 MySQL 数据库处理数据。

通过学习本章的内容，我们了解到 MySQL 数据库是一种功能强大、稳定性高、易于安装和使用的关系型数据库管理系统。

本章的案例让我们看到了 MySQL 数据库和 Python 在金融领域的结合，为金融数据分析、风险管理、交易系统开发等提供了有力的支持。在未来的学习和工作中，我们应该充分利用 MySQL 数据库和 Python 的优势，为金融领域的创新和发展做出更大的贡献。

第 5 章
核心模块详解

本章导读

在全球金融市场中,大数据分析技术已成为提升企业竞争力、优化决策流程的关键工具。作为数据处理和分析的利器,Python以其简洁、高效、可读性强等特点,在金融大数据分析领域中占据着重要地位。本章将重点介绍Python在金融大数据分析方面的核心模块,包括NumPy、Pandas和SciPy等,并通过实战案例帮助读者深入理解这些模块在金融数据分析中的应用。

知识要点

● NumPy模块操作详解:介绍NumPy的核心功能,包括数组操作、矩阵运算、线性代数运算及多种随机数生成。

● NumPy在金融场景中的应用:通过案例介绍如何使用NumPy的计算公式来计算股价的极差、成交量加权平均价、收益率、年波动率和月波动率等。

● Pandas模块操作详解:介绍Pandas的主要数据结构Series和DataFrame,以及Pandas如何进行数据处理和数据可视化。

● Pandas在金融场景中的应用:通过案例展示如何使用Pandas进行股票时间序列数据分析。

● SciPy模块操作详解:介绍SciPy的几个主要模块及应用。

● SciPy在金融场景中的应用:通过案例介绍如何使用SciPy计算金融产品的隐含波动率。

5.1 NumPy 模块操作详解

NumPy(Numerical Python)是Python科学计算的基础库之一,提供了高性能的多维数组对象和相关工具，用于进行高效的数值计算、数学建模和数据分析。本章将介绍NumPy的核心功能，包括数组操作、矩阵运算、线性代数运算、随机数生成等，并通过示例代码帮助读者掌握NumPy的使用方法。

当然，要使用NumPy模块，需要先安装，命令为：pip install numpy。

5.1.1 数组操作

NumPy中的数组操作主要包括创建数组、数组切片、数组切片重组、数组形状变换等。以下示例展示了如何进行数组操作。

```
# 导入numpy库
import numpy as np
# 创建数组
arr1 = np.array([1, 2, 3, 4, 5, 6, 7, 8, 9])
print("arr1:", arr1)
# 数组切片
arr2 = arr1[1:4]
print("arr2:", arr2)
# 数组切片重组
arr3 = arr1[::2]
print("arr3:", arr3)
# 数组形状变换
arr4 = arr1.reshape(3, 3)
print("arr4:", arr4)
```

输出结果如下。

```
arr4 = arr1.reshape(3, 3)
arr1: [1 2 3 4 5 6 7 8 9]
arr2: [2 3 4]
arr3: [1 3 5 7 9]
arr4: [[1 2 3]
       [4 5 6]
       [7 8 9]]
```

5.1.2 矩阵运算

NumPy提供了丰富的矩阵运算功能，包括矩阵加法、矩阵减法、数乘、矩阵乘法等。以下示例展示了如何进行矩阵运算。

```
# 导入numpy库
import numpy as np
```

```python
# 创建矩阵
matrix1 = np.array([[1, 2], [3, 4]])
matrix2 = np.array([[5, 6], [7, 8]])
# 矩阵加法
matrix3 = matrix1 + matrix2
print("matrix3:", matrix3)
# 矩阵减法
matrix4 = matrix1 - matrix2
print("matrix4:", matrix4)
# 数乘
matrix5 = matrix1 * 2
print("matrix5:", matrix5)
# 矩阵乘法
matrix6 = np.dot(matrix1, matrix2)
print("matrix6:", matrix6)
```

输出结果如下。

```
matrix3: [[ 6  8]
          [10 12]]
matrix4: [[-4 -4]
          [-4 -4]]
matrix5: [[2 4]
          [6 8]]
matrix6: [[19 22]
          [43 50]]
```

5.1.3 线性代数运算

NumPy 提供了丰富的线性代数运算功能，包括求解线性方程组、矩阵特征值和特征向量、奇异值分解等。以下示例展示了如何进行线性代数运算。

```python
# 导入 numpy 库
import numpy as np
# 创建矩阵
matrixA = np.array([[1, 2], [3, 4]])
# 求解线性方程组
matrixB = np.array([1, 2])
x = np.linalg.solve(matrixA, matrixB)
print("x:", x)
# 矩阵特征值和特征向量
eigvals, eigvecs = np.linalg.eig(matrixA)
```

```
print("eigvals:", eigvals)
print("eigvecs:", eigvecs)
# 奇异值分解
U, s, V = np.linalg.svd(matrixA)
print("U:", U)
print("s:", s)
print("V:", V)
```

输出结果如下。

```
x: [0.  0.5]
eigvals: [-0.37228132  5.37228132]
eigvecs: [[-0.82456484 -0.41597356]
 [ 0.56576746 -0.90937671]]
U: [[-0.40455358 -0.9145143 ]
 [-0.9145143   0.40455358]]
s: [5.4649857  0.36596619]
V: [[-0.57604844 -0.81741556]
 [ 0.81741556 -0.57604844]]
```

5.1.4 随机数生成

NumPy 提供了多种随机数生成函数，包括均匀分布、正态分布、泊松分布等。以下示例展示了如何进行随机数生成。

```
# 导入 numpy 库
import numpy as np
# 生成均匀分布随机数
random_num1 = np.random.uniform(0, 10)
print("random_num1:", random_num1)
# 生成正态分布随机数
random_num2 = np.random.normal(0, 1)
print("random_num2:", random_num2)
# 生成泊松分布随机数
random_num3 = np.random.poisson(5)
print("random_num3:", random_num3)
```

输出结果如下。

```
random_num1: 4.85454701124393
random_num2: -2.8555162374328273
random_num3: 6
```

5.2　实战案例：NumPy 在金融场景中的应用

NumPy 是一个用于数值计算的 Python 库，具有强大的数据处理能力，是科学计算的基础库之一。本节将介绍 NumPy 在股价分析中的应用，并以实战案例展示如何使用 NumPy 计算股价常用指标。

在股价分析中，常用的指标包括极差、成交量加权平均价（Volume Weighted Average Price，VWAP）、收益率、年波动率和月波动率等。

（1）极差：股价的最大值和最小值的差值，差值越大说明波动越明显。计算公式为：

$$极差 = 最大值 - 最小值$$

（2）成交量加权平均价：这是一个非常重要的经济学量，是一种计算资产在特定时间段平均交易价格的方法。与传统的简单平均价格不同，VWAP 在计算过程中考虑了每笔交易的成交量，使得价格更高的交易在平均价格中的权重更大。这种计算方法能够更准确地反映市场的实际交易情况，特别是价格波动较大或成交量分布不均的情况下。计算公式为：

$$VWAP = \frac{\sum(成交量 \times 成交价格)}{总成交量}$$

（3）收益率：简单收益率是指相邻两个价格之间的变化率；对数收益率是指以对数形式计算的收益率。

（4）波动率：对价格变动的衡量，值越高说明波动越明显。

（5）年波动率：对数波动率的标准差除以其均值，再乘以交易日的平方根，通常交易日取 250 天。计算公式为：

$$年波动率 = (对数波动率的标准差 \div 对数波动率的均值) \times \sqrt{交易日}$$

（6）月波动率：对数收益率的标准差除以其均值，再乘以交易月的平方根，通常交易月取 12 个月。计算公式为：

$$月波动率 = (对数收益率的标准差 \div 对数收益率的均值) \times \sqrt{交易月}$$

下面以计算股价的极差、成交量加权平均价、收益率、年波动率和月波动率等为例，展示如何使用 NumPy 实现股价分析。

先通过 Wind 的 API 接口从指定的股票数据中选择一段时间内的指定股票，提取股票名称、开盘价、收盘价、最高价、最低价和成交量数据，然后使用 NumPy 中的计算公式计算相关指标，代码如下。

```
from WindPy import w
import pandas as pd
import numpy as np
w.start()
isconnected = w.isconnected()
```

```python
print('是否连接成功',isconnected)
if isconnected == True:
    # 获取富瑞特装股票信息
    symbol = "300228.SZ"
    # 设置时间区间
    start_date = "2023-05-05"
    end_date = "2023-06-30"
    stock = w.wsd(symbol, "sec_name,close,open,high,low,volume", start_date,
                  end_date)
    index_data = pd.DataFrame()
    index_data['sec_name'] = stock.Data[0]
    index_data['close'] = stock.Data[1]
    index_data['open'] = stock.Data[2]
    index_data['high'] = stock.Data[3]
    index_data['low'] = stock.Data[4]
    index_data['volume'] = stock.Data[5]
    index_data = index_data[index_data['open'] > 0]
    index_data.insert(0, 'code', symbol, allow_duplicates=False)
    array_max = index_data['high'].to_numpy()
    array_min = index_data['low'].to_numpy()
    # 计算最大值与最小值
    max_price = array_max.max()
    print('max_price',max_price)
    min_price = array_min.min()
    print('min_price', min_price)
    # 计算极差
    range_max = np.ptp(array_max)
    print('range_max',range_max)
    range_min = np.ptp(array_min)
    print('range_min', range_min)
    # 计算成交量加权平均价
    end_price = index_data['close'].to_numpy()    # 收盘价
    volume = index_data['volume'].to_numpy()      # 成交量
    # 计算平均价格
    avg_price = np.average(end_price)
    print('avg_price',avg_price)
    # 计算VWAP
    vwap = np.average(end_price,weights=volume)
    print('vwap',vwap)
    # 计算中位数
    median = np.median(end_price)
    print('median',median)
```

```python
# 计算方差
var = np.var(end_price)
print('var', var)
# 计算股票收益率（对数收益率）
log_yield = np.diff(np.log(end_price))
print('log_yield',log_yield)
# 计算年波动率
annual_volatility = log_yield.std() / log_yield.mean() * np.sqrt(250)
print('annual_volatility', annual_volatility)
# 计算月波动率
month_volatility = log_yield.std() / log_yield.mean() * np.sqrt(12)
print('month_volatility', month_volatility)
```

输出结果如下。

```
是否连接成功 True
max_price 6.62
min_price 5.53
range_max 0.9500000000000002
range_min 0.75
avg_price 5.884871794871794
vwap 6.020240052991613
median 5.85
var 5.85
log_yield [-0.00173461 -0.02638676  0.00887317  0.00176523 -0.00885745
  0.02980063
  0.00344828  0.01706526  0.0101011   0.02644782 -0.01644774 -0.01841056
 -0.0033841   0.01680712  0.00332779 -0.0235305  -0.00682597 -0.01205872
  0.01376958 -0.0051414   0.00855437 -0.0329034  -0.00352734 -0.00531445
 -0.00713015  0.03169279 -0.00870328  0.00523105  0.01210041  0.01534557
  0.00169062 -0.00677969  0.02020271 -0.00836825  0.08068891 -0.01091203
  0.00312989  0.00000125]
annual_volatility 112.66997301419583
month_volatility 24.684754309349355
```

通过上述代码，我们可以得到股价的极差、成交量加权平均价、收益率、年波动率和月波动率等。这些指标可以帮助我们更好地了解股价的波动情况，为投资决策提供参考。

5.3　Pandas 模块操作详解

Pandas 是一款功能强大的 Python 数据分析库，它提供了数据处理、分析和可视化等功能，旨在使"关系"或"标签"数据的使用既简单又直观。接下来，我们将详细介绍Pandas模块的一些核心操作，并提供相应的示例。

要使用Pandas模块，需要先安装，命令为：pip install pandas。

5.3.1 Pandas的主要数据结构：Series和DataFrame

（1）Series是Pandas的主要数据结构之一，类似于一个一维数组或列表。它可以存储数值、字符串、布尔值等类型的数据，并且可以进行类似于列表的操作。Series具有索引和值，可以通过索引访问数据。示例代码如下。

```
import pandas as pd
# 创建Series
data = pd.Series([1, 2, 3, 'a', 'b', 'c'])
print(data)
```

输出结果如下。

```
0    1
1    2
2    3
3    a
4    b
5    c
dtype: object
```

（2）DataFrame是Pandas的另一个主要数据结构，类似于一个二维数组。它可以存储多列数据，每列可以有不同的数据类型。DataFrame具有行索引和列索引，可以通过索引访问数据。示例代码如下。

```
import pandas as pd
# 创建DataFrame
data = pd.DataFrame({'A': [1, 2, 3], 'B': [4, 5, 6]})
print(data)
```

输出结果如下。

```
   A  B
0  1  4
1  2  5
2  3  6
```

5.3.2 数据处理

1. 数据筛选

Pandas提供了多种筛选数据的方法。例如，可以使用filter()函数根据条件筛选数据。示例代码如下。

```python
import pandas as pd
import numpy as np
df = pd.DataFrame(np.array(([1, 2, 3], [4, 5, 6])),
                  index=['mouse', 'rabbit'],
                  columns=['one', 'two', 'three'])
# 按名称选择列
column = df.filter(items=['one', 'three'])
print('按名称选择列:')
print(column)
# 选择 index 包含 "bi" 的行
row = df.filter(like='bi', axis=0)
print('选择 index 包含 "bi" 的行:')
print(row)
```

输出结果如下。

```
按名称选择列:
        one  three
mouse    1      3
rabbit   4      6
选择 index 包含 "bi" 的行:
        one  two  three
rabbit   4    5      6
```

2. 数据排序

Pandas 提供了 sort_values() 函数对数据进行排序。示例代码如下。

```python
import pandas as pd
df = pd.DataFrame({
    'A': [2, 1, 5, 4, 3],
    'B': [10, 20, 30, 40, 50],
    'C': ['a', 'b', 'c', 'd', 'e']
})
print("原始数据:")
print(df)
# 按照列 'A' 的值进行升序排序
df_sorted = df.sort_values(by='A')
print("\n按照列 'A' 的值进行升序排序后的数据:")
print(df_sorted)
```

输出结果如下。

原始数据:

```
   A   B   C
0  2  10   a
1  1  20   b
2  5  30   c
3  4  40   d
4  3  50   e
```

按照列 'A' 的值进行升序排序后的数据:
```
   A   B   C
1  1  20   b
0  2  10   a
4  3  50   e
3  4  40   d
2  5  30   c
```

3. 数据透视

Pandas 提供了 pivot_table() 函数来创建数据透视表。示例代码如下。

```
import pandas as pd
df = pd.DataFrame({
    'Product': ['荔枝', '西兰花', '香蕉', '苹果', '豆类', '西兰花', '芒果', '香蕉'],
    'Category': ['水果', '蔬菜', '水果', '水果', '蔬菜', '蔬菜', '水果', '水果'],
    'Quantity': [8, 5, 3, 4, 5, 9, 11, 8],
    'Amount': [270, 239, 617, 384, 626, 610, 62, 90]
})
# 创建总销售额的透视表，按产品分组
pivot = df.pivot_table(index =['Product'], values =['Amount'], aggfunc ='sum')
print(pivot)
```

输出结果如下。

```
Product   Amount
芒果        62
苹果       384
荔枝       270
西兰花      849
豆类       626
香蕉       707
```

4. 数据合并

Pandas 提供了 concat() 函数来进行横向或纵向合并，可用于对两个及多个 DataFrame 进行行/列方向的内联或外联拼接操作，默认对行（沿 y 轴）取并集。

两种合并方式如下。

（1）横向合并

示例代码如下。

```
import pandas as pd
# 定义待合并的数据集
data1 = pd.DataFrame({'A': [1, 2], 'B': [3, 4]})
data2 = pd.DataFrame({'A': [5, 6], 'B': [7, 8]})
# 横向合并，清除现有索引并重置索引
merged_data = pd.concat([data1, data2],ignore_index=True)
print(merged_data)
```

输出结果如下。

```
   A  B
0  1  3
1  2  4
2  5  7
3  6  8
```

（2）纵向合并

示例代码如下。

```
import pandas as pd
# 定义待合并的数据集
data1 = pd.DataFrame({'A': [11, 2], 'B': [13, 4]})
data2 = pd.DataFrame({'C': [15, 6], 'D': [17, 8]})
# 纵向合并
merged_data = pd.concat([data1, data2], axis=1)
print(merged_data)
```

输出结果如下。

```
    A   B   C   D
0  11  13  15  17
1   2   4   6   8
```

5.3.3 数据可视化

Pandas 内置了基于 Matplotlib 的数据可视化功能，可以方便地创建条形图、折线图、散点图等。要使用 Matplotlib 模块，需要先安装，命令为：pip install matplotlib。

示例代码如下。

```
import pandas as pd
import matplotlib.pyplot as plt
```

```
# 创建数据
data = pd.DataFrame({'A': [11, 12, 13], 'B': [4, 5, 6]})
# 绘制条形图
plt.bar(data['A'],data['B'])
plt.xlabel('Category')
plt.ylabel('Value')
plt.title('Bar Example')
plt.show()
```

绘制的条形图如图5.1所示。

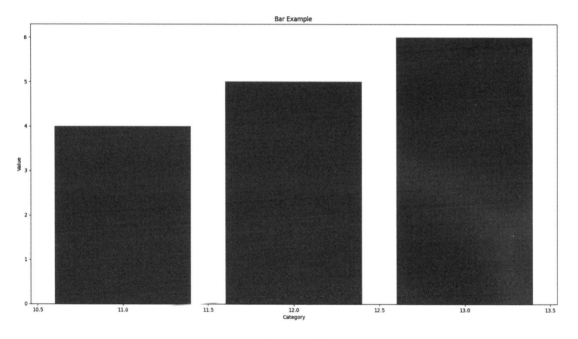

图5.1　条形图

本节详细介绍了Pandas的基本概念和常用操作，包括Series和DataFrame的应用、数据处理及数据可视化。通过学习这些内容，我们可以更高效地处理和分析各种数据，为数据分析和挖掘工作提供有力的支持。

5.4　实战案例：Pandas在金融场景中的应用

Pandas提供了强大的数据处理和分析功能，尤其是对时间序列数据的支持非常出色。时间序列是金融领域最重要的数据类型之一，股票、汇率为常见的时间序列数据。本节将基于Pandas库，介绍如何对股票时间序列数据进行处理和分析。

我们以 Wind 中的股票数据为例，展示如何使用 Pandas 进行股票时间序列数据分析。示例代码如下。

```python
import pandas as pd
from WindPy import w
import matplotlib.pyplot as plt
# 用来正常显示中文
plt.rcParams['font.sans-serif']=['SimHei']
# 用来正常显示负号
plt.rcParams['axes.unicode_minus']=False
# 连接 Wind 的 API
w.start()
isconnected = w.isconnected()
print('是否连接成功',isconnected)
if isconnected == True:
    # 获取富瑞特装股票信息
    symbol = "300228.SZ"
    # 设置时间区间
    start_date = "2023-01-02"
    end_date = "2023-06-30"
    stock = w.wsd(symbol, "close,open,high,low,volume", start_date, end_date)
    df = pd.DataFrame()
    df['close'] = stock.Data[0]
    df['open'] = stock.Data[1]
    df['high'] = stock.Data[2]
    df['low'] = stock.Data[3]
    df['volume'] = stock.Data[4]
    df = df[df['open'] > 0]
    df.insert(0, 'code', symbol, allow_duplicates=False)
    df.insert(1, 'date', stock.Times, allow_duplicates=False)
    # 转时间格式
    df['date'] = pd.to_datetime(df['date'])
    # 取出年、月
    df['year'] = df['date'].dt.year
    df['month'] = df['date'].dt.month
    # 取出最低收盘价的那行数据
    min = df['close'].min()
    print('min',min)
    min_line = df.loc[df['close'].idxmin()]
    print('min_line',min_line)
    # 每月平均收盘价
```

```python
month_close_mean = df.groupby("month")["close"].mean()
print('month_close_mean',month_close_mean)
# 每月平均开盘价
month_open_mean = df.groupby("month")["open"].mean()
print('month_open_mean', month_open_mean)
# 计算涨跌幅：今日收盘价 - 昨日收盘价，diff()函数用于计算一列中某个元素与该列中另一个
#                                            元素（默认前一个元素）的差值
df['rise'] = df['close'].diff()
# 计算涨跌幅比例
df['rise_ratio'] = df['rise'] / df.shift(1)['close']
# 计算5日和30日移动平均线
df['MA5'] = df['close'].rolling(window=5).mean()
df['MA30'] = df['close'].rolling(window=30).mean()
# 绘制收盘价和移动平均线
plt.figure(figsize=(10, 6))
plt.plot(df['close'], label='Close')
plt.plot(df['MA5'], label='MA5')
plt.plot(df['MA30'], label='MA30')
plt.legend()
plt.title(' 收盘价和移动平均线 ')
plt.xlabel(' 时间 ')
plt.ylabel(' 价格 ')
plt.show()
# 绘制涨跌幅
plt.figure(figsize=(10, 6))
plt.plot(df['rise'], label='Rise')
plt.axhline(0, linestyle='--', color='r')
plt.legend()
plt.title(' 涨跌幅 ')
plt.xlabel(' 时间 ')
plt.ylabel(' 涨跌幅 ')
plt.show()
```

输出结果如下。

```
是否连接成功 True
min 4.96
min_line code                    300228.SZ
         date       2023-04-25 00:00:00
         close                       4.96
         open                        5.17
         high                        5.19
```

```
low                        4.85
volume               1.28838e+07
year                        2023
month                          4
Name: 74, dtype: object
month_close_mean month
1    5.268125
2    5.705500
3    5.525652
4    5.503684
5    5.843500
6    5.922500
Name: close, dtype: float64
month_open_mean month
1    5.253125
2    5.702000
3    5.534348
4    5.520000
5    5.827000
6    5.883500
Name: open, dtype: float64
```

绘制结果如图5.2所示。

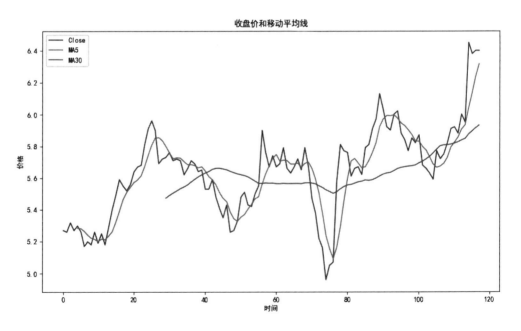

图5.2 收盘价和移动平均线及涨跌幅

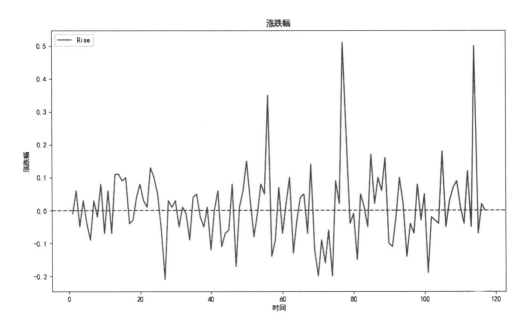

图5.2 收盘价和移动平均线及涨跌幅（续）

上面的实战案例介绍了如何使用Pandas库对股票时间序列数据进行处理和分析。先通过Wind的API读取股票数据，并将其转换为DataFrame。然后计算每月平均收盘价、每月平均开盘价、涨跌幅、涨跌幅比例、移动平均线等指标，并使用Matplotlib库对收盘价和移动平均线及涨跌幅进行了数据可视化。通过这些处理，我们可以更好地了解股票价格的走势和波动情况，为投资决策提供有力的支持。

5.5 SciPy 模块操作详解

SciPy是一个用于数学、科学和工程学等领域的开源Python算法库和数学工具包。它基于NumPy库，提供了丰富的模块，包括最优化、线性代数、积分、插值、特殊函数、快速傅里叶变换、信号处理和图像处理、常微分方程求解等。

接下来，我们将详细介绍SciPy的几个主要模块及其应用。要使用SciPy模块，需要先安装，命令为：pip install scipy。SciPy是建立在NumPy上的，因此使用SciPy之前，需要先安装NumPy库。

（1）SciPy.stats：提供了一系列统计函数，如正态分布、拉普拉斯分布、伽马分布等。

示例：生成服从正态分布的随机数，代码如下。

```
# 引入 norm
from scipy.stats import norm
mean = 0
```

```
std_dev = 1
random_numbers = norm.rvs(mean, std_dev, size=10)
print(random_numbers)
```

输出结果如下。

```
[-1.84613922 -0.7989992  -0.16831709 -0.15985352  0.50703425 -1.10445638
 -0.32836274  0.75430049 -0.62593943  1.35509783]
```

（2）SciPy.linalg：提供了线性代数的相关算法，如矩阵求逆、矩阵乘法、线性方程组求解等。

示例：求解线性方程组，代码如下。

```
# 引入numpy模块
import numpy as np
from scipy.linalg import solve
A = np.array([[2, 1], [1, 2]])
b = np.array([3, 4])
x = solve(A, b)
print(x)
```

输出结果如下。

```
[0.66666667 1.66666667]
```

（3）SciPy.optimize：包含了一些优化算法，如牛顿法、梯度下降法、坐标下降法等。

示例：使用牛顿法求解非线性方程，代码如下。

```
# 引入牛顿法：newton
from scipy.optimize import newton
def f(x):
    return x**3 - 2*x**2 - 3*x + 5
x0 = 1
x = newton(f, x0)
print(x)
```

输出结果如下。

```
1.2738905549642174
```

（4）SciPy.signal：提供了信号处理的相关函数，如滤波、快速傅里叶变换、小波变换等。

示例：用快速傅里叶变换将信号重采样到n个点，代码如下。

```
# 引入numpy模块
import numpy as np
#scipy.signal用于典型的信号处理：一维、规则采样信号
from scipy import signal
import matplotlib.pyplot as plt
#linspace是可以生成等间距数组的函数
```

```
t = np.linspace(0, 5, 100)
x = np.sin(t)
# 重采样 scipy.signal.resample(): 使用快速傅里叶变换将信号重采样到 n 个点
x_resampled = signal.resample(x, 25)
plt.plot(t, x)
plt.plot(t[::4], x_resampled, 'ko')
plt.show()
```

绘制结果如图5.3所示。

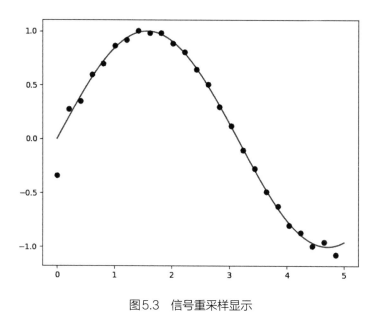

图5.3　信号重采样显示

SciPy是一个功能强大的Python库，通过应用简单的代码，就可以轻松地进行复杂的数值计算、数据处理和数据分析。对于金融分析而言，熟练掌握SciPy可以极大地提高工作效率和解决实际问题的能力。

5.6　实战案例：SciPy在金融场景中的应用

在金融领域，衍生品的定价和风险管理对计算能力和数学方法的需求越来越高。本节将介绍SciPy在金融场景中的应用，重点计算金融产品的隐含波动率。

隐含波动率是指金融衍生品（如期权）的市场价格所隐含的波动率。它是衍生品定价模型（如Black-Scholes模型）中一个重要输入参数，用于衡量市场对未来价格波动的预期。计算隐含波动率有助于投资者更好地了解市场的风险状况，并对衍生品进行更精确的定价和风险管理。

下面是使用SciPy计算金融产品隐含波动率的一个示例。我们将使用Black-Scholes模型计算欧式期权的价格，并从中反推出隐含波动率。

这里需要先导入必要的库并定义欧式期权的价格公式，代码如下。

```
import numpy as np
import scipy.stats as stats
def black_scholes_call_value(S, K, T, r, sigma):
    d1 = (np.log(S / K) + (r + 0.5 * sigma ** 2) * T) / (np.sqrt(T))
    d2 = d1 - sigma * np.sqrt(T)
    value = S * np.exp(-r * T) * (stats.norm.cdf(d1, 0.0, 1.0) - stats.norm.
        cdf(d2, 0.0, 1.0))
    return value
```

在此函数中，S是标的资产的当前价格，K是期权的行权价格，T是期权的剩余到期时间（以年为单位），r是无风险利率，sigma是隐含波动率。

接下来可以使用牛顿迭代法来计算隐含波动率。我们从初始波动率开始，通过迭代过程使其逐渐逼近真实的隐含波动率，代码如下。

```
def implied_volatility(S, K, T, r, price, max_iterations=100, tol=1.0e-5):
    sigma = 0.5  # 初始波动率
    for i in range(0, max_iterations):
        value = black_scholes_call_value(S, K, T, r, sigma)
        diff = value - price
        if abs(diff) < tol:
            break
        sigma = sigma + diff / (value - price)
    return sigma
```

在这个函数中，price是期权的市场价格。我们将使用牛顿迭代法不断更新波动率，直至达到预定的收敛精度。

以下是一个完整的示例，展示了如何使用这些函数计算欧式期权的价格和隐含波动率。

```
# 示例数据
S = 100    # 标的资产的当前价格
K = 105    # 期权的行权价格
T = 1.0    # 期权的剩余到期时间（以年为单位）
r = 0.05   # 无风险利率
price = 7.5   # 期权的市场价格
# 计算欧式期权价格
value = black_scholes_call_value(S, K, T, r, 0.5)
print("欧式期权价格：", value)
# 计算隐含波动率
sigma = implied_volatility(S, K, T, r, price)
```

```
print("隐含波动率: ", sigma)
```

输出结果如下。

```
欧式期权价格: 18.638091439283343
隐含波动率: 100.5
```

在这个示例中,我们使用的是欧式期权的美式期权价格。请注意,实际应用中,需要将价格和波动率替换为实际金融产品的数据。

最后我们来解释一下 sigma(波动率)和 price(价格)的含义。

(1) sigma:波动率是描述金融产品价格波动程度的指标。在期权定价模型中,波动率是一个重要的输入参数,它反映了市场对未来价格波动的预期。

(2) price:这是金融产品(如股票、期权等)在市场上的交易价格。在期权定价模型中,价格是另一个重要的输入参数,与波动率、行权价格、剩余到期时间和无风险利率一起决定了期权的价值。

5.7 小结

Python 在金融大数据分析中的应用广泛而深入,涵盖数据采集、清洗、分析、可视化等多个环节。掌握 Python 金融大数据分析的核心模块,不仅能提升数据分析的效率和准确度,还能为金融从业者提供一个全新的视角和工具,助力读者在激烈的市场竞争中把握先机。

本章详细解析了 Python 在金融大数据分析中使用到的核心模块,包括 NumPy、Pandas 和 SciPy。通过学习本章内容,读者能够掌握如何利用 Python 工具库进行高效的金融数据分析。

第2篇
Python金融大数据分析提高篇

第 6 章 金融分析及量化投资

本章导读

在金融市场日趋复杂的今天,量化投资作为一种基于数据和算法的投资方法,正逐渐成为投资者的重要工具。量化投资通过运用数学模型和计算机程序对金融市场进行深入分析,实现对投资风险的有效管理和提升投资回报的目标。本章将围绕金融分析、量化投资及量化策略等主题进行详细阐述,以期为算法工程师和投资者提供有益的参考。

知识要点

- 金融分析:讲解金融分析的方法、目的,以及在投资决策中的重要性。
- 量化投资:讲解量化投资的概念、发展历程、优势及我国量化投资市场的现状。
- 量化策略:讲解双均线策略、因子选股策略、动量策略及其应用。

6.1 金融分析

金融分析是通过运用数学、统计学、经济学等领域的分析方法对金融市场数据进行挖掘和处理,以揭示市场规律、预测价格走势和评估投资机会的过程。在金融市场日趋复杂的背景下,金融分析在投资决策中的重要性日益凸显。本节将简要介绍金融分析的方法、目的,以及在投资决策中的重要性。

6.1.1 金融分析的方法

金融分析是金融领域中至关重要的一环,它通过对金融市场、金融工具和金融主体的深入研究,帮助投资者、决策者和研究人员更好地理解金融现象和趋势。

金融分析的方法主要有以下4种。

（1）基本面分析方法：包括财务分析、建立估值模型、经济周期分析等，旨在从宏观、中观和微观层面揭示公司的内在价值和发展潜力。

（2）技术分析方法：包括图表分析、技术指标分析、量化策略等，旨在从市场行为和价格走势中挖掘有价值的信息。

（3）量化分析方法：运用统计学、计算机科学等领域的知识和技能，对金融市场的数据进行建模、预测和优化。

（4）行为金融分析方法：研究投资者心理、市场情绪等非理性因素对金融市场的影响。

6.1.2　金融分析的目的

金融分析的目的是提供全面、准确和及时的有关金融信息的分析，以支持投资决策、风险管理和金融政策的制定。

金融分析的主要目的有以下4个。

（1）揭示市场规律：通过分析金融市场的历史数据，发现价格走势规律和市场趋势，为投资决策提供依据。

（2）评估投资机会：通过对公司、行业和市场的深入分析，评估投资项目的价值和风险，为投资者提供投资建议。

（3）优化投资策略：通过金融分析方法，构建和完善投资组合，实现风险和收益的均衡。

（4）提高投资效率：通过金融分析方法，降低信息的不对称性，提高投资决策的准确性和效率。

6.1.3　金融分析在投资决策中的重要性

投资决策关系到个人、机构和企业的发展与财富增长，在投资决策过程中，准确、全面和及时的信息至关重要。而金融分析为投资决策提供了有力的支持，帮助投资者更好地理解金融市场、金融工具和金融主体。

金融分析在投资决策中的重要性主要体现在以下4个方面。

（1）辅助决策：金融分析为投资者提供了丰富的信息和分析结果，有助于投资者在复杂的市场环境中做出更明智的决策。

（2）风险管理：金融分析有助于投资者识别市场风险、评估投资项目的风险，从而实现风险的有效管理。

（3）提高收益：通过对市场趋势、公司价值的准确预测，金融分析可以帮助投资者把握投资机会，提高投资收益。

（4）促进市场发展：金融分析推动了金融市场的成熟和规范，为市场的持续发展创造了良好的环境。

总之，金融分析作为重要的投资工具，在投资决策中具有不可忽视的地位和作用。随着金融市场的不断发展和金融科技的崛起，金融分析方法和工具将不断创新和完善，为投资者带来更多的价值。

6.2 量化投资

量化投资作为一种基于数据和算法的投资方法，逐渐成为金融领域的重要工具。本节将介绍量化投资的概念、发展历程、优势，以及我国量化投资市场的现状。

1. 量化投资概念

量化投资是指通过运用数学模型、统计学和计算机技术等方法，对金融市场数据进行深入分析，从而实现对投资风险的有效管理和提升投资回报的目标。量化投资强调数据驱动和系统化投资策略，与传统投资依赖人为经验和直觉判断相比，量化投资具有明显优势。

2. 量化投资发展历程

（1）国外发展历程：量化投资在海外市场的发展已有数十年的历史。随着信息技术和金融市场的不断发展，量化投资在海外市场的地位逐渐稳固。

（2）我国发展历程：相较于海外市场，我国量化投资的起步较晚。大约在2002年，我国发布了第一只指数增强基金，这标志着国内量化投资的起步。经过不断发展，我国量化投资市场逐渐形成了包括股票、债券、期货、期权等多品种、多层次的投资体系。

3. 量化投资优势

（1）数据驱动：量化投资高度依赖基础数据，通过深入挖掘和分析金融市场数据，寻找投资机会，降低信息不对称的风险。

（2）系统化投资策略：量化投资采用严谨的数学模型和计算机算法，可以实现投资策略的系统化、一致性，降低人为因素带来的误判风险。

（3）风险管理：量化投资可以实现对投资组合的实时监控和调整，提高风险管理水平。

（4）投资效率：通过量化投资，投资者可以更快地捕捉市场机会，提高投资效率。

（5）规模灵活：量化投资可以适应不同规模的投资需求，从个人投资者到机构投资者均可参与。

4. 我国量化投资市场的现状

（1）产品数量：近年来，我国量化投资产品数量迅速增长，涵盖了股票、债券、期货、期权等。

（2）投资者结构：我国量化投资市场吸引了众多投资者，包括个人投资者、机构投资者、保险公司、养老金等。

（3）投资策略：我国量化投资市场投资策略丰富多样，包括股票多空策略、量化选股策略、套利策略、市场风险管理策略等。

（4）技术创新：随着人工智能、大数据等技术的发展，我国量化投资在技术研发和创新方面取得了显著成果。

总之，我国量化投资市场在经历了一段较短的发展历程后，已呈现出多元化、创新化的特点。未来，随着金融市场的不断发展和科技创新的推动，我国量化投资市场将继续保持稳步发展，为投资者提供更多的投资机会。

6.3 量化策略

量化策略是指通过运用数学模型、统计学和计算机技术等方法，对金融市场数据进行深入分析，从而制定出具有可操作性、系统性及风险可控的投资策略。量化策略旨在捕捉市场中的规律和投资机会，实现投资回报的最大化。

量化策略在金融市场投资领域具有广泛的应用，本节所述的双均线策略、因子选股策略和动量策略仅为量化策略的一部分。随着金融市场的发展和投资者需求的多样化，未来量化策略将不断创新和完善，为投资者提供更多的决策工具。

6.3.1 双均线策略及应用

双均线策略是一种经典的趋势跟踪策略，对市场波动具有较强的跟踪能力。本小节将详细介绍双均线策略的原理、优缺点、风险控制措施及应用等，帮助投资者更好地理解和运用这一策略。

1. 双均线策略原理

均线代表过去 n 日的股价平均走势。双均线策略是一种基于技术分析的投资策略，通过设置两条不同周期的均线，来判断市场趋势并进行买卖操作。短期均线和长期均线的交叉情况为投资者提供买卖信号，从而实现对市场趋势的捕捉。

（1）短期均线：反映市场近期价格变化趋势，更具时效性。

（2）长期均线：反映市场长期价格变化趋势，更具稳定性。

（3）当短期均线上穿长期均线时，市场趋势视为上涨，是买入信号。

（4）当短期均线下穿长期均线时，市场趋势视为下跌，是卖出信号。

2. 双均线策略优缺点及风险控制措施

（1）优点。

- 简单易懂：双均线策略无须复杂的计算和建模，投资者容易掌握。
- 时效性强：短期均线反映市场近期走势，有助于捕捉市场热点。
- 长期均线提供支撑和阻力：有助于判断市场趋势的持续性。

（2）缺点。
- 抗干扰能力较弱：当市场出现剧烈波动或突发事件时，双均线交叉信号可能失真。
- 无法预测市场顶部和底部：双均线策略仅能判断市场趋势，但不能预测市场的高点和低点。
- 风险控制能力不足：仅依靠长期均线和短期均线的交叉信号，难以实现对投资组合风险的有效控制。

（3）风险控制措施。
- 设置止损点：在买入信号出现后，设定合理的止损点，以便在市场反转时及时离场。
- 仓位管理：根据市场风险程度和自身风险承受能力，合理调整投资组合的仓位。
- 分散投资：将资金分散到多个资产类别和行业，降低单一资产的风险。

3．双均线策略应用

以股票市场为例，假设通过 Wind 的 API 接口获取了某只股票一段时间内的数据，然后选择短期均线为 5 日均线、长期均线为 20 日均线进行分析，从而得出买卖信号。代码如下。

```
import pandas as pd
from WindPy import w
import matplotlib.pyplot as plt
import numpy as np
# 用来正常显示中文
plt.rcParams['font.sans-serif']=['SimHei']
# 用来正常显示负号
plt.rcParams['axes.unicode_minus']=False
def compose_singal(data):
    """
    整合信号
    :param data:
    :return:
    """
    data['buy_singal'] = np.where((data['buy_singal']==1)&
                        (data['buy_singal'].shift(1)==1),0,data['buy_singal'])
    data['sell_singal'] = np.where((data['sell_singal'] == -1) &
                        (data['sell_singal'].shift(1) == -1), 0,
                        data['sell_singal'])
    data['singal'] = data['buy_singal'] + data['sell_singal']
    return data
def calculate_prof_pct(data):
    """
    计算单次收益率
    :param data:
    :return:
    """
```

```python
        # 计算单次收益率：开仓，平仓（开仓的全部股数）
        data.loc[data['singal'] != 0,'profit_pct'] = data[data['singal'] != 0]
                                ['close'].pct_change()
        # 计算每次平仓的收益率
        data = data[data['singal'] == -1]
        return data
def calculate_cum_pct(data):
    """
    计算累计收益（以单位1为基数上涨）
    公式：   (1 + 当天收益率）的累积 - 1
    :param data:
    :return:
    """
    data = data.copy()
    data['cum_profit'] = pd.DataFrame(1 + data['profit_pct']).cumprod() - 1
    return data
def ma_strategy(data,short_window=5,long_window=20):
    """
    双均线策略
    :param data: 投资标的行情数据
    :param short_window: 短期 n 日均线，默认为 5
    :param long_window: 长期 n 日均线，默认为 20
    :return:
    """
    # 计算技术指标：ma 短期，ma 长期
    data['short_ma'] = data['close'].rolling(window=short_window).mean()
    data['long_ma'] = data['close'].rolling(window=long_window).mean()
    # 生成信号：金叉买入，死叉卖出
    data['buy_singal'] = np.where(data['short_ma'] > data['long_ma'], 1 ,0)
    data['sell_singal'] = np.where(data['short_ma'] < data['long_ma'], -1, 0)
    # 整合信号
    data = compose_singal(data)
    return data
# 连接 Wind 的 API
w.start()
isconnected = w.isconnected()
print('是否连接成功 ',isconnected)
if isconnected == True:
    # 获取张江高科股票信息
    symbol = "600895.SH"
    # 设置时间区间
    start_date = "2022-06-01"
```

```python
end_date = "2023-06-30"
stock = w.wsd(symbol, "close,open,high,low,volume", start_date, end_date)
df = pd.DataFrame()
df['close'] = stock.Data[0]
df['open'] = stock.Data[1]
df['high'] = stock.Data[2]
df['low'] = stock.Data[3]
df['volume'] = stock.Data[4]
df = df[df['open'] > 0]
df.insert(0, 'code', symbol, allow_duplicates=False)
df.insert(1, 'date', stock.Times, allow_duplicates=False)
# 转时间格式
df['date'] = pd.to_datetime(df['date'])
df = ma_strategy(df, short_window=5, long_window=20)
df = df[df['singal']!=0]
# 数据预览
print(' 开关仓次数：',len(df))
print(df[['date','close','short_ma','long_ma','singal']])
# 绘制收盘价和长短均线
plt.figure(figsize=(10, 6))
plt.plot(df['date'],df['close'],label='Close')
plt.plot(df['date'],df['short_ma'],label='Ma5')
plt.plot(df['date'],df['long_ma'],label='Ma20')
plt.legend()
plt.title(' 收盘价和长短均线 ')
plt.xlabel(' 时间 ')
plt.ylabel(' 价格 ')
plt.show()
# 计算单次收益率
df = calculate_prof_pct(df)
# 计算累计收益
df = calculate_cum_pct(df)
print(' 展示时间，收盘价，交易信号，单次收益率，累计收益 ')
print(df[['date','close','singal','profit_pct','cum_profit']])
```

输出结果如下。

```
是否连接成功 True
开关仓次数： 14
         date    close   short_ma   long_ma   singal
19  2022-06-29   12.49    12.520   12.2715        1
24  2022-07-06   11.90    12.230   12.2670       -1
45  2022-08-04   12.22    11.692   11.6810        1
```

```
 59  2022-08-24  11.60   12.008  12.1385   -1
101  2022-10-31  11.25   10.618  10.5850    1
138  2022-12-21  11.90   12.206  12.3185   -1
152  2023-01-11  11.95   11.908  11.8975    1
182  2023-03-01  12.66   12.630  12.6340   -1
188  2023-03-09  13.65   12.678  12.6535    1
211  2023-04-12  16.40   16.776  17.0045   -1
246  2023-06-05  14.56   14.678  14.5760    1
250  2023-06-09  14.31   14.432  14.4685   -1
253  2023-06-14  14.82   14.490  14.4580    1
259  2023-06-26  13.26   14.258  14.4290   -1
```
展示时间，收盘价，交易信号，单次收益率，累计收益
```
           date   close  singal  profit_pct  cum_profit
 24  2022-07-06  11.90     -1   -0.047238   -0.047238
 59  2022-08-24  11.60     -1   -0.050736   -0.095578
138  2022-12-21  11.90     -1    0.057778   -0.043322
182  2023-03-01  12.66     -1    0.059414    0.013518
211  2023-04-12  16.40     -1    0.201465    0.217707
250  2023-06-09  14.31     -1   -0.017170    0.196798
259  2023-06-26  13.26     -1   -0.105263    0.070820
```

绘制结果如图6.1所示。

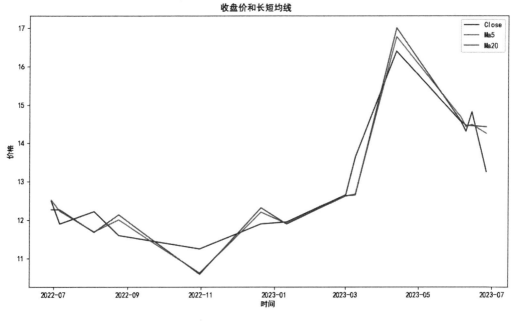

图6.1　收盘价和长短均线

通过观察5日均线和20日均线的交叉情况，可以得到以下买卖信号。

- 2022年6月29日，5日均线上穿20日均线为买入信号。
- 2022年7月6日，5日均线下穿20日均线为卖出信号。

以此类推。

投资者在实际操作中，需注意风险控制和策略优化，以提高投资收益。

6.3.2 因子选股策略及应用

随着科技的发展和大数据时代的到来，量化投资逐渐成为投资领域的一大趋势。因子选股作为一种量化投资策略，凭借其科学、系统、客观的优势，在国际市场上得到了广泛应用。在我国，随着资本市场的日益成熟和投资者对投资策略的需求不断增长，因子选股策略逐渐受到关注。本小节旨在探讨因子选股策略在我国股市的应用，以期为投资者提供一种新的投资思路。

在探讨因子选股策略之前，先说明一下什么是量化选股，因为因子选股只是它的一部分。

量化选股是利用数量化的方法选择股票组合，期望该股票组合所获收益能够超越基准收益率的投资行为。量化选股又分为技术面选股和基本面选股。

技术面选股是利用各种技术理论或技术指标来分析和预测股票的未来价格趋势。

基本面选股是通过对一家上市公司在发展过程中面临的外部因素和自身因素进行分析，对其未来的发展前景进行预测，并判断该上市公司的股票是否值得买入。

因子选股策略是一种基于公司基本面指标的选股策略。它通过分析大量历史数据，发现对股价具有预测能力的因子，并据此选取具有优势的股票进行投资。常见的因子包括价值、动量、质量指标等，通过对这些因子的筛选和组合，可以有效提高投资收益。

量化选股的注意事项如下。

（1）分配多股，减少单股重仓的情况（鸡蛋不能放在一个篮子里）。

（2）全面研究个股基本面，增强个股判断逻辑和支持，不能通过某一两个指标来判断。

（3）主动投资而非被动投资，通过策略和算法主动去轮动、调仓。

（4）不要过分依靠量化选股，它只是提高胜率的工具之一。

下面以实际股票数据为例，通过量化的方式来进行基本面选股，演示白马选股交易策略（一种因子选股策略）的具体应用。以下面5个因子的指标作为筛选条件。

（1）总市值>50亿元（市值较大的公司，流动性好，竞争力强）。

（2）上市天数>750天（抛开3年内的次新）。

（3）流通盘比例>95%（要全流通，避免解禁压力）。

（4）销售毛利率>20%（毛利率要高）。

（5）扣非净资产收益率>20%（净资产收益率要高）。

排名条件为：总市值从大到小排列。

聚宽（JQData）的模拟交易数据与实时数据同步，可以通过模拟交易检验策略的有效性。聚宽支持股票、期货的日级、分钟级模拟交易。注册聚宽的账号并获取试用资格，第3章已讲过，现在可以用获取试用资格的用户名和密码登录聚宽的官网，单击个人主页中的"去新建"按钮，新建模拟策略，如图6.2所示。

图6.2　新建模拟策略

代码如下。

```
# 导入函数库
import datetime
# 初始化函数，设定基准等
def initialize(context):
    # 设定沪深300作为基准
    set_benchmark('000300.XSHG')
    # 开启动态复权模式（真实价格）
    set_option('use_real_price', True)
    # 设定成交比例
    set_option('order_volume_ratio', 1)
    ### 股票相关设定 ###
    # 股票类每笔交易的手续费是：买入时，万分之三的佣金；卖出时，万分之三的佣金加千分之一的
                                    印花税，每笔交易佣金最低扣5元
    set_order_cost(OrderCost(open_tax=0,close_tax=0.001,
                  open_commission=0.0003, close_commission=0.0003,
                  min_commission=5,close_today_commission=0), type='stock')
    # 设定持仓数量
    g.stocknum=20
    # 交易日计时器
    g.days=20
    # 调仓频率
    g.refresh_rate=100
    # 运行函数
    run_daily(trade, 'every_bar')
# 筛选逻辑
def check_stocks(context):
    # 设定查询条件
    q = query(
```

```
            indicator.code,
            valuation.capitalization,
            indicator.roe,
            indicator.gross_profit_margin,
        ).filter(
            # 选择总市值 >50 亿元
            valuation.capitalization > 50,
            # 选择流通盘比例 >95%
            #valuation.circulation_market_cap > valuation.market_cap * 95,
            valuation.circulating_market_cap > valuation.market_cap*0.95,
            # 选择销售毛利率 >20%
            indicator.gross_profit_margin>20,
            # 扣非净资产收益率 >20%
            indicator.roe >20,
        ).order_by(
            # 按照总市值从大到小排列
            valuation.market_cap.desc()
        ).limit(100)
    df = get_fundamentals(q, statDate=str(context.current_dt)[:4])
    buylist = list(df['code'])
    # 选择上市天数 >750（抛开 3 年内的次新）
    buylist = delete_stock(buylist,context.current_dt,750)
    buylist = filter_paused_stock(buylist)[:20]
    return buylist
# 过滤停牌股票
def filter_paused_stock(stock_list):
    current_data = get_current_data()
    return [stock for stock in stock_list if not current_data[stock].paused]
# 排除次新
def delete_stock(stocks,beginDate,n=180):
    # 去除上市距离 beginDate 不足 n 天的股票
    stocklist = []
    for stock in stocks:
        start_date = get_security_info(stock).start_date
        if start_date < (beginDate - timedelta(days = n)).date():
            stocklist.append(stock)
    return stocklist
# 交易函数
def trade(context):
    if g.days % g.refresh_rate == 0:
        # 选股
        stock_list = check_stocks(context)
```

```
# 获取持仓列表
sell_list = list(context.portfolio.positions.keys())
sells = list(set(sell_list).difference(set(stock_list)))
# 先卖再买
for stock in sells:
    order_target_value(stock, 0)
# 分配资金
if len(context.portfolio.positions) < g.stocknum:
    num = g.stocknum - len(context.portfolio.positions)
    cash = context.portfolio.cash / num
else:
    cash = 0
for stock in stock_list:
    if len(context.portfolio.positions) < g.stocknum and stock not \
            in context.portfolio.positions:
        order_value(stock, cash)
# 更新天数计数器
    g.days = 1
else:
    g.days += 1
```

单击"编译运行",完成后,单击"回测详情",可以看到详细的收益概述。该策略年化收益是21.57%,是非常优秀的,如图6.3所示。

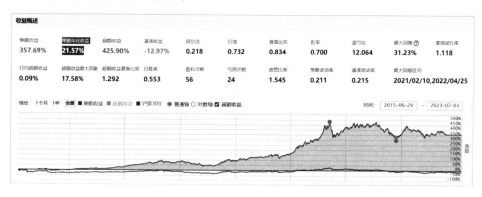

图6.3 收益概述

本小节通过对我国股市的研究,提出了一种基于因子选股的策略,并验证了其有效性。在实际投资中,因子选股策略可以帮助投资者挖掘具有潜力的股票,提高投资收益。未来可以进一步探讨因子选股策略在不同市场环境下的表现,以及如何优化因子组合以提高投资效果。

6.3.3 动量策略及应用

在金融投资领域,动量策略无疑是一种具有广泛影响力的投资方法。它基于过去的价格走势,捕捉并跟踪具有持续上涨或下跌趋势的股票，以实现投资收益的最大化。

动量策略强调的是抓住股票价格走势的"势头"，从而实现投资收益的滚动。这一策略的核心理念是，假设过去一段时间内表现优异的股票会在未来一段时间内继续保持这种优势。因此，投资者可以通过跟踪和分析股票的历史价格数据，找出具有持续趋势的股票，进而实现投资收益的增长。

本小节先介绍动量策略的设计思路、实现步骤，并解释动量策略能够在金融市场中取得成功的原因。然后讲解动量策略的具体操作方法，包括如何选取合适的动量因子、如何根据动量因子进行股票筛选及如何调整投资组合等。在应用部分，将呈现动量策略在实际操作中的运用。

动量策略是基于收益率和成交量的选股策略，它预先对股票收益和交易量设定过滤准则，当股票收益或交易量同时满足过滤准则时就买入（做多）或卖出（做空）股票。大部分情况下，动量策略以股票的历史收益率为主要的交易原则。

动量策略的设计思路如下。

（1）正向策略：涨的还会涨，跌的还会跌。买入涨最多的，卖出跌最多的，利用市场对信息的反应不足进行操作。

（2）反向策略：涨太多了会跌，跌太多了会涨。买入跌最多的，卖出涨最多的，利用市场对信息的反应过度进行操作。

动量策略的实现步骤如下。

（1）确定交易对象：股票池，考虑流动性（沪深300，创业板）。

（2）选定业绩评价周期：过去1～12个月。

（3）计算形成期收益率：过去n个月的收益率，根据涨跌幅得到交易信号。

（4）对收益率进行排序：最佳—赢家组合、最差—输家组合。

（5）确定持仓/换仓周期：1个月，也可自定义测算。

（6）连续或间隔一段时间，不断重复步骤（2）～（5）。

（7）计算动量正向/反向策略各持有期的回报率。

动量策略的代码如下。

```
"""
    动量策略（正向）
"""
from jqdatasdk import *
auth('注册的用户名','注册的密码')
import pandas as pd
import numpy as np
import matplotlib.pyplot as plt
# 获取指数成分股，默认为沪深300
def get_index_list(index_symbol,end_date):
    """
    获取指数成分股
```

```python
        :param index_symbol: 指数的代码
        :return: 成分股的代码
        """
        stocks = get_index_stocks(index_symbol,end_date)
        return stocks
def get_single_price(code,start_date,end_date,time_freq):
    '''
    获取单只股票行情数据
    :param code:
    :param start_date:
    :param end_date:
    :param time_freq:
    :return:
    '''
    data = get_price(code,start_date=start_date,end_date=end_date,
                    frequency=time_freq,panel=False)
    return data
def get_data(index_symbol,start_date,end_date):
    # 获取股票列表代码
    stocks = get_index_stocks(index_symbol,end_date)
    time_freq = 'daily'
    # 拼接收盘价数据
    data_connect = pd.DataFrame()
    # 获取股票数据
    for code in stocks:
        data = get_single_price(code, start_date, end_date, time_freq)
        # 拼接多只股票的收盘价
        df = data['close']
        df.index.name='date'
        newdf = pd.DataFrame(df)
        newdf.columns=[code]
        data_connect = pd.concat([data_connect, newdf], axis=1)
    return data_connect
def momentum(data_connect,shift_n=1,top_n=4):
    """
    :param data_connect:
    :param shift_n: int, 表示业绩统计周期（单位：月）
    :return:
    """
    # 转换时间频率日 -> 月
    data_month = data_connect.resample('M').last()
    # 计算过去 n 个月的收益率 =（期末价格 - 期初价格）/ 期初价格 = 期末价格 / 期初价格 - 1
```

```python
        shift_return = data_month/data_month.shift(shift_n) - 1
        # 根据涨跌幅，得到交易信号：收益率排前 n 位 > 赢家组合 > 买入 1，排最后 n 位 > 输家 > 卖出 -1
        buy_signal = get_top_stocks(shift_return, top_n)
        sell_signal = get_top_stocks(-1 * shift_return, top_n)
        signal = buy_signal - sell_signal
        # 计算投资组合收益率
        returndatas = caculate_portfolio_return(shift_return, signal, top_n * 2)
        # 评估策略效果：总收益率、年化收益率、最大回撤率、夏普比率
        Evaluate = evaluate_strategy(returndatas)
        return Evaluate
# 获取最大值的方法
def get_top_stocks(data,top_n):
    """
    找到前 n 位的极值
    :param data:dframe 数据
    :param top_n: 表示要产生信号的统计个数
    :return: 返回 0/1 信号
    """
    # 初始化信号容器
    signals = pd.DataFrame(index=data.index,columns=data.columns)
    # 对 data 的每一行进行遍历，找里面的最大值
    for index,row in data.iterrows():
        signals.loc[index] = row.isin(row.nlargest(top_n)).astype(np.float64)
    return signals
# 计算投资组合收益率
def caculate_portfolio_return(data, signal, n):
    """
    计算组合收益率
    :param data: dataframe
    :param signal: dataframe
    :param n: int
    :return returns: dataframe
    """
    returns = data.copy()
    # 投资组合收益率（等权重）= 收益率之和 / 股票只数
    returns['profit_pct'] = (signal * returns.shift(-1)).T.sum() / n
    returns = calculate_cum_prof(returns)
    # 匹配对应的交易月份
    return returns.shift(1)
# 计算累计收益率（个股收益率）
def calculate_cum_prof(data):
    """
```

```python
        计算累计收益率（个股收益率）
        :param data: dataframe
        :return:
        """
        # 累计收益
        data['cum_profit'] = pd.DataFrame(1 + data['profit_pct']).cumprod() - 1
        return data
# 评估策略收益表现
def evaluate_strategy(data):
    """
    评估策略收益表现
    :param data: dataframe,包含单次收益率数据
    :return results: dict,评估指标数据
    """
    # 评估策略效果：总收益率、年化收益率、最大回撤率、夏普比率
    data = calculate_cum_prof(data)
    # 获取总收益率
    total_return = data['cum_profit'].iloc[-1]
    # 计算年化收益率（每月开仓）
    annual_return = data['profit_pct'].mean() * 12
    # 计算近一年最大回撤率
    data = caculate_max_drawdown(data, window=12)
    # 获取近一年最大回撤率
    max_drawdown = data['max_dd'].iloc[-1]
    # 计算夏普比率
    sharpe, annual_sharpe = calculate_sharpe(data)
    # 放到dict中
    results = {'总收益率': total_return, '年化收益率': annual_return,
               '最大回撤率': max_drawdown, '夏普比率': annual_sharpe}
    # 输出评估指标
    for key, value in results.items():
        print(key, value)
    return data
def caculate_max_drawdown(data, window=252):
    """
    计算最大回撤率
    :param data:
    :param window: int,时间窗口设置,默认为252（日k）
    :return:
    """
    # 模拟持仓金额：投入的总金额 *（1+收益率）
    data['close'] = 10000 * (1 + data['cum_profit'])
```

```python
    # 选取时间周期中的最大净值
    data['roll_max'] = data['close'].rolling(window=window, min_periods=1).max()
    # 计算当天的回撤率 = (谷值 - 峰值)/峰值 = 谷值/峰值 - 1
    data['daily_dd'] = data['close'] / data['roll_max'] - 1
    # 选取时间周期内最大的回撤率
    data['max_dd'] = data['daily_dd'].rolling(window, min_periods=1).min()
    return data
def calculate_sharpe(data):
    """
    计算夏普比率,返回的是年化的夏普比率
    :param data: dataframe, stock
    :return: float
    """
    # 公式: sharpe = (回报率的均值 - 无风险利率) / 回报率的标准差
    #daily_return = data['close'].pct_change()    # 演示部分
    daily_return = data['profit_pct']     # 策略应用后
    avg_return = daily_return.mean()
    sd_return = daily_return.std()
    # 计算夏普: 每日收益率 * 252 = 每年收益率
    sharpe = avg_return / sd_return
    sharpe_year = sharpe * np.sqrt(252)
    return sharpe, sharpe_year
if __name__ == "__main__":
    index_symbol = '000300.XSHG'
    start_date = '2019-01-02'
    end_date = '2022-10-28'
    data_connect = get_data(index_symbol,start_date,end_date)
    # 测试动量策略
    Evaluate = momentum(data_connect, shift_n=1)
    # 可视化每个月的收益率
    Evaluate['cum_profit'].plot()
    plt.show()
```

输出结果如下。

```
总收益率 0.44814692473024786
年化收益率 0.1281170205258428
最大回撤率 -0.20468973525468503
夏普比率 2.3513161664551996
```

组合每个月收益率的绘制结果如图6.4所示。

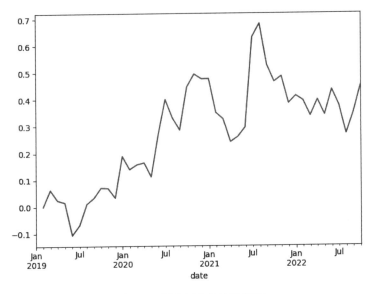

图6.4 组合每个月的收益率

从结果中可以看出,沪深300(000300.XSHG)在2019年1月2日到2022年10月28日期间每个月的收益率。总收益率约为44.81%,年化收益率约为12.81%,最大回撤率约为20.47%,夏普比率约为2.35,该组合整体的投资收益是不错的。

6.4 小结

本章探讨了金融分析及量化投资领域的相关知识,先讲解了金融分析、量化投资的基本内容,然后着重讲解了双均线策略、因子选股策略和动量策略及其应用。双均线策略可以帮助投资者判断市场趋势,从而更好地把握投资时机。因子选股策略通过筛选具有特定因子的股票,可以为投资者提供更多优质的投资标的。动量策略基于股票的历史表现,可以预测该股票的未来走势,为投资者带来持续的投资收益。

在实际投资过程中,投资者可以根据自己的需求和风险承受能力,选择合适的策略。本章旨在为金融投资者提供有力的理论支持和实践指导。同时,也为广大读者提供一个了解金融分析及量化投资的窗口。

第 7 章
Python 量化交易

本章导读

在瞬息万变的金融市场中,寻求高效的交易策略以实现稳定且持续的投资回报是投资者始终关注的问题。随着数据科学和人工智能技术的发展,量化交易逐渐成为投资领域的新趋势。Python 作为一种广泛应用于金融领域的编程语言,凭借其强大的数据处理和算法实现能力,成了量化交易开发的热门工具。本章旨在帮助读者掌握使用 Python 编写量化交易程序的核心技术,实现投资策略的自动化和智能化。

知识要点

- 量化交易数据获取:介绍如何利用 Python 获取各类金融数据。
- Python 基本面量化选股:基于企业财务报表、宏观经济数据等,运用 Python 对股票进行筛选和优化。
- Python 量化择时及应用:探讨如何利用 Python 实现技术分析和量化择时策略。
- 量化策略回测实现:介绍 Python 回测框架及其在量化交易中的应用。
- Python 量化交易策略实战案例:介绍 MA-RSI 量化交易策略的实现方法与表现。

7.1 量化交易数据获取

金融市场日新月异,量化交易成了越来越多投资者和企业的研究利器。在这种背景下,数据获取与分析成了量化交易的关键环节。国内的量化交易平台可为量化交易研发人员提供所需的量化数据、策略框架、回测框架、交易接口等,极大地提高了交易初学者的研发效率。

聚宽量化交易平台是为量化爱好者量身打造的云平台，它为广大投资者和研究者提供了精准的回测功能、高速的实盘交易接口、易用的 API 文档、由易入难的策略库，便于量化研发人员快速实现及使用自己的量化交易策略。

本节将先对聚宽网的数据类型和获取方式进行概述，帮助读者熟悉其基本操作。然后将重点介绍如何运用聚宽网实现高效、精确的数据获取。最后将结合实际案例，解析从数据获取、处理到策略研发的全过程，旨在为读者提供操作指南。

值得注意的是，量化交易数据的获取仅仅是整个研究过程的第一步。在实际操作中，数据质量对于后续分析和策略研发至关重要。因此，本节将着重强调数据质量的控制与优化，以确保读者能够获取准确、可靠的交易数据。

下面介绍如何获取股票的历史数据，聚宽量化交易平台提供了如下函数。

（1）history()函数：获取多只股票的单个数据字段的历史数据。

```
history(count,unit='1d',field='open',security_list=None,df=True,
        skip_paused=False,fq='pre')
```

主要参数的含义如下。

- count：指定获取数据的天数。
- unit：指定单位时间的长度，如"xd"表示单位时长为 x 天，其中 x 为正整数。
- field：指定获取的数据类型，常用的标准字段有：open、close、high、low、volume、money。
- security_list：用来获取数据的股票列表。如果其值为 None，则表示查询 context.universe 中所有股票数据。
- df：其值为 True 时，返回的数据格式为 DataFrame，否则为 Dict。
- skip_paused：设置是否跳过不交易日期（包括停牌、未上市或退市后的日期），默认为 False，表示停牌时使用停牌前的数据，上市前或退市后的数据都为 nan。
- fq：复权类型，默认为 pre，即前复权；post 为后复权；None 为不复权，返回实际价格。

（2）attribute_history()函数：获取单只股票的多个数据字段的历史数据。

```
attribute_history(security,count, unit='1d',fields=['open','close','high',
'low','volume','money'], skip_paused=True, fq='pre')
```

其中，参数 security 用来获取数据的股票 id，其他的参数和 history()函数的参数含义是一样的。

示例：选择两只股票，获取它们 10 个交易日的数据，代码如下。

```
from jqdata import *
security_list = ['600000.XSHG', '600006.XSHG']
data = history(count=10, unit='10d',field='open', security_list=security_list,
df=True)
print(data)
```

输出结果如下。

```
            600000.XSHG  600006.XSHG
2022-11-17       6.36         5.82
2022-12-01       6.69         5.83
2022-12-15       6.94         6.35
2022-12-29       6.94         6.15
2023-01-13       6.92         5.60
2023-02-03       7.03         5.71
2023-02-17       6.94         6.06
2023-03-03       6.85         5.91
2023-03-17       7.03         6.12
2023-03-31       6.79         5.77
```

下面介绍如何获取股票的财务数据，聚宽量化交易平台提供了以下3个函数。

（1）get_fundamentals()函数：查询财务数据。

```
get_fundamentals(query_object,date=None,statDate=None)
```

主要参数的含义如下。

● query_object：一个sqlalchemy.orm.query.Query对象（SQL的ORM封装，支持各类查询），可以通过全局的query()函数获取Query对象。

● date/statDate：获取一个字符串（格式类似"2023-08-25"）或datetime对象。

注意事项：date和statDate参数只能传入一个。传入date时，查询指定日期date收盘后所能看到的最近（除市值表外为最近一个季度，市值表为最近一天）的数据。传入statDate时，查询statDate指定的季度或年份的财务数据。

（2）query()函数：查询数据的API，可以是整张表，也可以是表中的多个字段或计算出的结果。其中主要的参数如下。

● filter：填写过滤条件，多个过滤条件可以用逗号隔开。

● order_by：填写排序条件。

● limit：限制返回的个数。

● group_by：分组统计。

（3）get_fundamentals_continuously()函数：查询多日财务数据。

```
get_fundamentals_continuously(query_object,end_date=None,count=None,panel=True)
```

主要参数的含义如下。

● end_date：获取一个字符串（格式类似"2023-08-25"）或datetime对象。

● count：获取end_date前count个单位时间的数据，count必须小于500。

● panel：默认为True，返回一个pandas.Panel；建议设置为False，返回等效的DataFrame。

示例：查询平安银行2023年第二季度的财务数据，代码如下。

```python
from jqdata import *
# 查询平安银行2023年第二季度的财务数据
q = query(
        income.statDate,
        income.code,
        income.basic_eps,
        balance.cash_equivalents
    ).filter(
        income.code == '000001.XSHE',
    )
rets = get_fundamentals(q, statDate='2023q2')
print(rets)
```

输出结果如下。

```
  statDate         code   basic_eps   cash_equivalents
0 2023-06-30  000001.XSHE     0.5098      4.175150e+11
```

下面介绍如何获取股票的成分股数据，聚宽量化交易平台提供了以下3个函数。

（1）指数成分股函数：查询指定指数指定日期可交易的成分股列表。

```
Get_index_stocks(index_symbol,date=None)
```

主要参数的含义如下。

- index_symbol：指数代码。
- date：获取一个字符串（格式类似"2023-08-25"）或datetime对象。

返回内容为股票代码的list。

（2）行业成分股函数：查询指定行业的所有股票。

```
Get_industy_stocks(industry_code,date=None)
```

主要参数的含义如下。

- industry_code：行业编码。
- date：获取一个字符串（格式类似"2023-08-25"）或datetime对象。

返回内容为股票代码的list。

（3）概念成分股函数：查询指定概念板块的所有股票。

```
get_concept_stocks(concept_code,date=None)
```

主要参数的含义如下。

- concept_code：概念代码。
- date：获取一个字符串（格式类似"2023-08-25"）或datetime对象。

返回内容为股票代码的list。

示例：查询沪深300的10只股票及获取计算机/互联网行业的成分股，代码如下。

```
from jqdata import *
# 返回沪深 300 的股票（输出 10 只）
codes= get_index_stocks('000300.XSHG')
print(codes[0:10])
# 获取计算机 / 互联网行业的成分股
stocks = get_industry_stocks('I64')
print(stocks)
```

输出结果如下。

```
['000001.XSHE', '000002.XSHE', '000063.XSHE', '000069.XSHE', '000100.XSHE',
'000157.XSHE', '000166.XSHE', '000301.XSHE', '000333.XSHE', '000338.XSHE']
['000503.XSHE', '000606.XSHE', '000676.XSHE', '000835.XSHE', '002072.XSHE',
'002095.XSHE', '002113.XSHE', '002131.XSHE', '002168.XSHE', '002174.XSHE',
'002235.XSHE', '002247.XSHE', '002306.XSHE', '002315.XSHE', '002354.XSHE',
'002425.XSHE', '002447.XSHE', '002464.XSHE', '002467.XSHE', '002517.XSHE',
'002530.XSHE', '002555.XSHE', '002558.XSHE', '002605.XSHE', '002619.XSHE',
'002624.XSHE', '002803.XSHE', '002995.XSHE', '003010.XSHE', '300031.XSHE',
'300038.XSHE', '300043.XSHE', '300052.XSHE', '300104.XSHE', '300113.XSHE',
'300148.XSHE', '300226.XSHE', '300242.XSHE', '300295.XSHE', '300315.XSHE',
'300392.XSHE', '300418.XSHE', '300431.XSHE', '300459.XSHE', '300467.XSHE',
'300494.XSHE', '300571.XSHE', '300766.XSHE', '300773.XSHE', '300785.XSHE',
'300792.XSHE', '300921.XSHE', '300987.XSHE', '301001.XSHE', '301110.XSHE',
'301171.XSHE', '600070.XSHG', '600226.XSHG', '600228.XSHG', '600242.XSHG',
'600358.XSHG', '600556.XSHG', '600633.XSHG', '600634.XSHG', '600640.XSHG',
'600652.XSHG', '600804.XSHG', '600899.XSHG', '600986.XSHG', '601360.XSHG',
'603000.XSHG', '603258.XSHG', '603444.XSHG', '603533.XSHG', '603613.XSHG',
'603825.XSHG', '603881.XSHG', '603888.XSHG', '688158.XSHG']
```

下面介绍如何获取股票的标的信息数据，聚宽量化交易平台提供了以下两个函数。

（1）获取所有标的信息函数：获取平台支持的所有股票、基金、指数、期货、期权信息。

```
get_all_securities(types=[],date=None)
```

主要参数的含义如下。

- types：一个list类型的参数，支持stock（股票）、fund（基金）、index（指数）、futures（期货）。
- date：获取一个字符串（格式类似"2023-08-25"）或datetime对象。

返回内容为DataFrame对象。

（2）获取单个标的信息函数：获取单个标的信息，包括中文名称、简称、上市日期、退市日期、标的种类等。

```
get_security_info(code,date=None)
```

参数含义如下。

- code：证券代码。
- date：获取一个字符串（格式类似"2023-08-25"）或datetime对象。

返回内容为数据对象。

示例：查询平台中所有ETF的信息，输出前10只，并获取平安银行的上市日期、名称、类型，代码如下。

```
from jqdata import *
# 获取平台中所有ETF的信息，输出前10只
get_all_securities(types=[ 'etf'], date='2023-09-01')[:10]
print(etf)
# 获取平安银行：000001.XSHE的上市日期、名称、类型
start_date = get_security_info('000001.XSHE').start_date
display_name=get_security_info('000001.XSHE').display_name
type=get_security_info('000001.XSHE').type
print('平安银行上市日期：',start_date,'\n名称：',display_name,'\n类型：',type)
```

输出结果如下。

	display_name	name	start_date	end_date	type
159001.XSHE	货币ETF	BZJ	2014-10-20	2200-01-01	etf
159003.XSHE	招商快线ETF	ZSKX	2014-10-20	2200-01-01	etf
159005.XSHE	汇添富快钱ETF	TFKQ	2015-01-13	2200-01-01	etf
159501.XSHE	纳斯达克指数ETF	NSDKZSETF	2023-06-14	2200-01-01	etf
159503.XSHE	财富管理ETF	CFGLETF	2023-07-20	2200-01-01	etf
159506.XSHE	恒生医疗ETF	HSYLETF	2023-07-03	2200-01-01	etf
159507.XSHE	电信ETF	DXETF	2023-06-21	2200-01-01	etf
159508.XSHE	生物医药ETF基金	SWYYETFHA	2023-07-14	2200-01-01	etf
159509.XSHE	纳指科技ETF	NZKJETF	2023-08-08	2200-01-01	etf
159510.XSHE	沪深300价值ETF	HS300JZETF	2023-08-16	2200-01-01	etf

平安银行上市日期：1991-04-03
名称：平安银行
类型：stock

下面介绍其他常用参数。

（1）获取行情数据：可查询多个标的的多个数据字段。

```
get_price(security,start_date=None,end_date=None,frequency='daily',fields=
None,skip_paused=False,fq='pre',count=None,panel=True,fill_paused=True)
```

主要参数的含义如下。

- security：一只股票代码或一只股票代码的list。
- start_date：开始时间，为字符串或datetime对象。与count二选一，不可同时使用。

- end_date：结束时间，为字符串或datetime对象。与count二选一，不可同时使用。
- frequency：单位时间长度，几天或几分钟，现在支持"xd"、"xm"。其中，"daily"等同于"1d"，"minute"等同于"1m"，x是一个正整数，分别表示x天和x分钟。
- fields：选择要获取的行情数据字段，默认是None。常用的标准字段有：open、close、high、low、volume、money。
- skip_paused：设置是否跳过不交易日期（包括停牌、未上市或退市后的日期）。
- fq：复权类型，对股票/基金的价格字段、成交量字段及factor字段生效。
- count：数量，返回结果集的行数，即表示获取end_date之前几个frequency的数据。与start_date二选一，不可同时使用。
- panel：获取多标的数据时建议设置为False。
- fill_paused：对于停牌股票的价格处理，默认为True，表示用pre_close价格填充；为False时表示用nan填充停牌的数据。

（2）获取龙虎榜数据。

```
get_billboard_list(stock_list,start_date,end_date,count)
```

主要参数的含义如下。
- stock_list：包含股票代码的list，当值为None时，返回指定日期的所有股票。
- start_date：开始日期。
- end_date：结束日期。
- count：交易日数量，可以与end_date同时使用，表示获取end_date前count个交易日的数据（含end_date当日）。

示例：获取平安银行在2022年12月两个交易日的数据及2023-09-01前两个交易日内龙虎榜数据中的股票代码、异常波动名称、营业部名称、出资价格排名，输出前10条，代码如下。

```
from jqdata import *
# 获取平安银行在2022年12月两个交易日的数据
dfprice = get_price('000001.XSHE', start_date='2022-12-01 14:00:00',
                    end_date='2022-12-02 12:00:00', frequency='1m')
print(dfprice)
# 获得2023-09-01前两个交易日内龙虎榜数据中的股票代码、异常波动名称、营业部名称、出资价格排名，
输出前10条
billboard=get_billboard_list(stock_list=None, end_date = '2023-09-01', count =2)
print(billboard[['code','abnormal_name','sales_depart_name','rank']][:10])
```

输出结果如下。

```
                        open    close   ...     volume        money
2022-12-01 14:00:00     12.80   12.80   ...     1111543.0    14217851.0
2022-12-01 14:01:00     12.80   12.79   ...     925722.0     11833081.0
```

2022-12-01 14:02:00	12.79	12.80	...	807100.0	10325090.0
2022-12-01 14:03:00	12.80	12.79	...	350949.0	4492194.0
2022-12-01 14:04:00	12.79	12.79	...	375636.0	4805525.0
2022-12-01 14:05:00	12.80	12.80	...	411489.0	5265416.0
2022-12-01 14:06:00	12.80	12.79	...	536585.0	6866545.0
2022-12-01 14:07:00	12.79	12.81	...	526483.0	6741562.0
2022-12-01 14:08:00	12.81	12.80	...	933303.0	11943904.0
2022-12-01 14:09:00	12.80	12.80	...	567134.0	7254043.0
2022-12-01 14:10:00	12.80	12.81	...	1147408.0	14684355.0
2022-12-01 14:11:00	12.81	12.80	...	510750.0	6537934.0
2022-12-01 14:12:00	12.80	12.80	...	297989.0	3813809.0
2022-12-01 14:13:00	12.80	12.82	...	1297158.0	16611632.0
2022-12-01 14:14:00	12.82	12.82	...	373383.0	4784735.0
2022-12-01 14:15:00	12.81	12.82	...	670245.0	8590089.0
2022-12-01 14:16:00	12.82	12.81	...	815910.0	10454649.0
2022-12-01 14:17:00	12.81	12.80	...	409850.0	5246777.0
2022-12-01 14:18:00	12.80	12.80	...	763155.0	9761768.0
2022-12-01 14:19:00	12.80	12.80	...	513516.0	6573268.0
2022-12-01 14:20:00	12.80	12.80	...	452054.0	5788425.0
2022-12-01 14:21:00	12.80	12.81	...	304750.0	3901140.0
2022-12-01 14:22:00	12.79	12.82	...	703742.0	9016228.0
2022-12-01 14:23:00	12.82	12.82	...	409031.0	5241343.0
2022-12-01 14:24:00	12.81	12.79	...	1669721.0	21377687.0
2022-12-01 14:25:00	12.80	12.80	...	1107753.0	14174996.0
2022-12-01 14:26:00	12.80	12.81	...	504502.0	6465295.0
2022-12-01 14:27:00	12.81	12.81	...	363344.0	4656003.0
2022-12-01 14:28:00	12.82	12.84	...	313867.0	4026394.0
2022-12-01 14:29:00	12.84	12.83	...	274019.0	3515408.0
...	...	...	...	...	...
2022-12-02 11:01:00	12.52	12.51	...	574261.0	7181796.0
2022-12-02 11:02:00	12.52	12.51	...	536026.0	6703382.0
2022-12-02 11:03:00	12.51	12.52	...	241341.0	3020026.0
2022-12-02 11:04:00	12.52	12.54	...	932543.0	11698848.0
2022-12-02 11:05:00	12.56	12.55	...	373383.0	4681678.0
2022-12-02 11:06:00	12.55	12.55	...	195654.0	2456351.0
2022-12-02 11:07:00	12.55	12.54	...	169226.0	2122488.0
2022-12-02 11:08:00	12.54	12.55	...	335378.0	4209981.0
2022-12-02 11:09:00	12.54	12.54	...	390182.0	4896727.0
2022-12-02 11:10:00	12.54	12.54	...	327901.0	4114574.0
2022-12-02 11:11:00	12.56	12.53	...	473566.0	5945997.0
2022-12-02 11:12:00	12.53	12.54	...	215636.0	2704408.0
2022-12-02 11:13:00	12.53	12.55	...	919679.0	11538140.0

```
2022-12-02 11:14:00    12.55    12.54    ...      76418.0     958920.0
2022-12-02 11:15:00    12.54    12.55    ...     235912.0    2961494.0
2022-12-02 11:16:00    12.55    12.56    ...     195245.0    2451396.0
2022-12-02 11:17:00    12.56    12.58    ...    1031847.0   12983165.0
2022-12-02 11:18:00    12.59    12.57    ...     639923.0    8050832.0
2022-12-02 11:19:00    12.58    12.60    ...     464859.0    5854576.0
2022-12-02 11:20:00    12.61    12.61    ...     438020.0    5520770.0
2022-12-02 11:21:00    12.61    12.59    ...     742258.0    9346009.0
2022-12-02 11:22:00    12.58    12.59    ...     492414.0    6202440.0
2022-12-02 11:23:00    12.59    12.60    ...     398684.0    5020058.0
2022-12-02 11:24:00    12.60    12.60    ...     179777.0    2266664.0
2022-12-02 11:25:00    12.60    12.59    ...     679669.0    8552563.0
2022-12-02 11:26:00    12.59    12.55    ...     264799.0    3330927.0
2022-12-02 11:27:00    12.55    12.56    ...     498478.0    6259180.0
2022-12-02 11:28:00    12.56    12.57    ...     436156.0    5486014.0
2022-12-02 11:29:00    12.57    12.56    ...     474283.0    5968724.0
2022-12-02 11:30:00    12.57    12.58    ...     284877.0    3579587.0

[181 rows x 6 columns]

         code                  abnormal_name                        sales_depart_name           rank
0  688693.XSHG  有价格涨跌幅限制的日换手率达到30%的前5只证券                              机构专用            1
1  688693.XSHG  有价格涨跌幅限制的日换手率达到30%的前5只证券                   中信证券股份有限公司上海分公司         2
2  688693.XSHG  有价格涨跌幅限制的日换手率达到30%的前5只证券           华泰证券股份有限公司上海浦东新区福山路证券营业部      3
3  688693.XSHG  有价格涨跌幅限制的日换手率达到30%的前5只证券           兴业证券股份有限公司深圳深南东路证券营业部        4
4  688693.XSHG  有价格涨跌幅限制的日换手率达到30%的前5只证券         中国银河证券股份有限公司大连金马路证券营业部        5
5  688693.XSHG  有价格涨跌幅限制的日换手率达到30%的前5只证券              中国国际金融股份有限公司上海分公司         1
6  688693.XSHG  有价格涨跌幅限制的日换手率达到30%的前5只证券                   华泰证券股份有限公司总部            2
7  688693.XSHG  有价格涨跌幅限制的日换手率达到30%的前5只证券         中国国际金融股份有限公司北京建国门外大街证券营业部    3
8  688693.XSHG  有价格涨跌幅限制的日换手率达到30%的前5只证券           华泰证券股份有限公司上海浦东新区福山路证券营业部      4
9  688693.XSHG  有价格涨跌幅限制的日换手率达到30%的前5只证券           兴业证券股份有限公司深圳深南东路证券营业部        5
```

本节探讨了如何从聚宽量化交易平台获取各类股票数据，包括历史数据、财务数据、成分股数据、标的信息数据及行情数据等。运用 Python 进行数据处理和分析，可以让投资者更加高效、准确地挖掘数据背后的价值，为投资决策提供有力的支持。

7.2　Python 基本面量化选股

在当今的股市投资中，量化选股已成为越来越多投资者的必备工具。通过运用各种因子对股票进行打分和排序，投资者可以更加客观、科学地筛选出具有投资价值的个股。

本节将结合聚宽量化交易平台提供的数据，运用 Python 对财务因子进行量化分析，为投资者提供基本面量化选股的实践方法。通过本节的学习，读者将掌握如何利用 Python 在聚宽量化交易平台进行基本面量化选股，从而提高投资效率和收益。

财务因子用于评价企业的基本情况，通常包括成长类因子、规模类因子、价值类因子及质量类因子。在财务因子选股中，常用的方法是选用成长类因子进行选股。

（1）成长类因子包括营收因子与利润因子。营收因子包括营业收入同比增长率、营业收入环比增长率、营业总收入等。利润因子包括净利润同比增长率、净利润环比增长率、营业利润率、销售净利润和销售毛利率等。

示例：查询营业收入同比增长率大于 300 的股票代码，以及营业收入环比增长率大于 900 的股票代码，并降序排列，最后计算营业总收入，代码如下。

```
from jqdata import *
# 获取营业收入同比增长率大于 300 的股票代码，并降序排列
df=get_fundamentals(
    query(
        indicator.code,
        indicator.inc_revenue_year_on_year
    ).filter(
      indicator.inc_revenue_year_on_year>300
    ).order_by(indicator.inc_revenue_year_on_year.desc()),
    date='2023-09-01')
# 输出前 10 只股票的代码
print(df[0:10])
# 根据以上查询的股票代码，获取它们近 5 日每日的最高价
df_new=history(5,unit='1d',field='high_limit',security_
list=df['code'],df=True)
print(df_new)
# 输出营业收入环比增长率大于 900 的股票代码，并降序排列
df_revenue=get_fundamentals(
    query(
        indicator.code,
```

```
        indicator.inc_revenue_annual
    ).filter(
        indicator.inc_revenue_annual>900
    ).order_by(indicator.inc_revenue_year_on_year.desc()),
    date='2023-09-01')
print(df_revenue)
# 获取前10只股票的营业总收入
df_total=get_fundamentals(
    query(
        indicator.code,
        indicator.net_profit_to_total_revenue
    ).order_by(
        indicator.net_profit_to_total_revenue.desc()),
    date='2023-09-01')[0:10]
print(df_total)
```

输出结果如下。

```
    code         inc_revenue_year_on_year
0   600861.XSHG                  22272.24
1   600620.XSHG                   4552.35
2   000897.XSHE                   1873.49
3   600265.XSHG                   1835.53
4   300144.XSHE                   1816.03
5   300972.XSHE                   1613.59
6   688443.XSHG                   1479.93
7   603099.XSHG                   1333.88
8   002423.XSHE                   1263.64
9   688062.XSHG                   1129.86
            600861.XSHG    600620.XSHG   ...   600115.XSHG   600372.XSHG
2023-03-27        25.29          13.79   ...          5.76         19.74
2023-03-28        25.55          13.63   ...          5.72         19.34
2023-03-29        26.47          13.86   ...          5.60         19.20
2023-03-30        26.06          13.89   ...          5.61         19.18
2023-03-31        26.37          13.99   ...          5.73         19.15
[5 rows x 63 columns]
          code          inc_revenue_annual
0   600861.XSHG                  12378.54
1   000897.XSHE                   2882.63
2   688062.XSHG                   2027.12
3   300140.XSHE                   1134.26
4   600316.XSHG                   1051.26
5   600053.XSHG                   1217.22
```

```
6    688121.XSHG              2275.03
7    301172.XSHE              1016.62
8    688455.XSHG              3299.95
       code   net_profit_to_total_revenue
0    688185.XSHG              1489.68
1    600719.XSHG               960.07
2    688282.XSHG               795.09
3    600783.XSHG               562.94
4    600883.XSHG               543.28
5    000712.XSHE               372.45
6    600106.XSHG               342.32
7    600674.XSHG               328.07
8    301207.XSHE               294.36
9    600751.XSHG               292.10
```

（2）规模类因子反映公司规模的情况，主要用于体现市值大小对投资收益的影响。规模类因子包括总市值、流通市值、总股本、流通股本。

①总市值是指在特定时间内，股票总价值=总股本*股价。总市值用来表示个股的权重大小或大盘的规模大小。

示例：查询总市值大于500亿元的股票代码，并降序排列，代码如下。

```
from jqdata import *
df=get_fundamentals(
    query(
        valuation.code,
        valuation.market_cap
    ).filter(
        valuation.market_cap>500
    ).order_by(valuation.market_cap.desc()),
    date='2023-09-01')
# 输出前5只股票
print(df[:5])
```

输出结果如下。

```
       code      market_cap
0    600519.XSHG   23252.8494
1    600941.XSHG   20714.2024
2    601398.XSHG   16287.7659
3    601939.XSHG   15000.6586
4    601857.XSHG   14202.4279
```

②流通市值是指在特定时间内，可交易的流通股票总价值=可交易的流通股股数*股价。流通

市值占总市值的比重（流通盘比例）越大，说明股票的市场价格越能反映公司的真实价值。

示例：查询流通市值大于6000亿元的股票代码，并降序排列，代码如下。

```
from jqdata import *
df=get_fundamentals(
    query(
        valuation.code,
        valuation.circulating_market_cap
    ).filter(
      valuation.circulating_market_cap>6000
    ).order_by(valuation.circulating_market_cap.desc()),
    date='2023-09-01')
# 输出前 5 只股票
print(df[:5])
```

输出结果如下。

```
        code  circulating_market_cap
0  600519.XSHG              23252.8494
1  601857.XSHG              12565.1532
2  601398.XSHG              12321.2781
3  601288.XSHG              10982.0009
4  300750.XSHE               9179.2811
```

③总股本是指公司已发行的普通股股份总数（包含A股、B股和H股的总股本），单位为万股。

示例：查询总股本大于2000亿股、总市值大于8000亿元的股票代码，并降序排列，代码如下。

```
from jqdata import *
# 查询总股本大于 2000 亿股、总市值大于 8000 亿元的股票代码，并降序排列
df=get_fundamentals(
    query(
        valuation.code,
        valuation.market_cap,
        valuation.capitalization
    ).filter(
      valuation.market_cap>8000,
      valuation.capitalization>20000000
    ).order_by(valuation.capitalization.desc()),
    date='2023-09-01')
print(df)
```

输出结果如下。

```
        code  market_cap  capitalization
0  601398.XSHG  16287.7659    3.564063e+07
```

1	601288.XSHG	12039.4164	3.499830e+07
2	601988.XSHG	10921.7871	2.943878e+07
3	601939.XSHG	15000.6586	2.500110e+07

④流通股本是指公司已发行的境内上市流通、以人民币兑换的股票总数，即A股市场的流通股本，单位为万股。

示例：查询流通股本大于1200亿股、流通市值大于5000亿元的股票代码，并降序排列，代码如下。

```
from jqdata import *
# 查询流通股本大于1200亿股、流通市值大于5000亿元的股票代码，并降序排列
df=get_fundamentals(
    query(
        valuation.code,
        valuation.circulating_market_cap,
        valuation.circulating_cap,
    ).filter(
        valuation.circulating_market_cap>5000,
        valuation.circulating_cap>12000000
    ).order_by(valuation.circulating_cap.desc()),
    date='2023-09-01')
print(df)
```

输出结果如下。

	code	circulating_market_cap	circulating_cap
0	601288.XSHG	10982.0009	3.192442e+07
1	601398.XSHG	12321.2781	2.696122e+07
2	601988.XSHG	7819.4006	2.107655e+07
3	601857.XSHG	12565.1532	1.619221e+07

（3）价值类因子：价值投资是一个久经考验的投资策略，通过研究公司的基本面，确定其内在价值，再与其市场价格进行比较，找出低估值的公司进行投资。价值类因子包括市净率、市销率及市盈率。

①市净率=每股市价/每股净资产。市净率可用于股票投资分析，一般来说市净率较低的股票，投资价值较高，相反则投资价值较低。在判断投资价值时还要考虑当时的市场环境及公司经营情况、盈利能力等因素。

②市销率=股价/每股销售额。国内证券市场运用这一指标来选股，可以剔除那些市盈率很低、主营业务没有核心竞争力，且主要依靠非营业性损益来增加利润的股票（上市公司）。该项指标既有助于考察公司收益基础的稳定性和可靠性，又能有效地把握其收益的质量水平。

示例：查询市净率小于2.5、市销率小于1.5的股票代码，并升序排列，代码如下。

```
from jqdata import *
# 查询市净率小于 2.5、市销率小于 1.5 的股票代码，并升序排列
df=get_fundamentals(
    query(
        valuation.code,
        valuation.pb_ratio,
        valuation.ps_ratio
    ).filter(
      valuation.pb_ratio<2.5,
      valuation.ps_ratio<1.5
    ).order_by(valuation.ps_ratio.asc()),
    date='2023-09-01')
# 输出前 5 只股票
print(df[:5])
```

输出结果如下。

```
        code  pb_ratio  ps_ratio
0  000976.XSHE    1.0417  -14.5568
1  000906.XSHE    1.2880    0.0280
2  600057.XSHG    1.0946    0.0306
3  600755.XSHG    0.7734    0.0308
4  600153.XSHG    0.7133    0.0380
```

③市盈率又分动态市盈率和静态市盈率。动态市盈率是指还没有真正实现的下一年度的预测利润的市盈率。动态市盈率=股票现价/未来每股收益的预测值。静态市盈率（也就是广义上的市盈率）是指该公司需要累积多少年的盈利才能达到如今的市价水平。静态市盈率=股票现价/每股收益。市盈率越小，说明投资回收期越短，风险越小。

示例：查询动态市盈率小于 8，市销率小于 1.5，静态市盈率为 2～6 的股票代码，并将静态市盈率按升序排列，代码如下。

```
from jqdata import *
# 查询动态市盈率小于 8，市销率小于 1.5，静态市盈率为 2～6 的股票代码，并将静态市盈率按升序排列
df=get_fundamentals(
    query(
        valuation.code,
        valuation.pcf_ratio,
        valuation.pe_ratio,
        valuation.ps_ratio,
    ).filter(
      valuation.ps_ratio<1.5,
      valuation.pcf_ratio<8,
      valuation.pe_ratio>2,
```

```
        valuation.pe_ratio<6,
    ).order_by(valuation.pe_ratio.asc()),
    date='2023-09-01')
# 输出前 5 只股票
print(df[:5])
```

输出结果如下。

```
          code    pcf_ratio   pe_ratio   ps_ratio
0   601919.XSHG    -3.2232      2.6001    0.5860
1   601997.XSHG   -54.3472      3.2934    1.2920
2   002932.XSHE     6.4705      3.4567    0.9277
3   600015.XSHG   -14.3047      3.4602    0.9532
4   600971.XSHG   -71.0870      3.6810    1.2395
```

（4）质量类因子是指与股票的财务质量、资本结构相关的因子。影响质量类因子的因素包括公司的盈利能力、盈利稳定性、资本结构、成长性、会计质量、派息/摊薄、投资能力等。质量类因子包括净资产收益率及总资产净利率。

① 净资产收益率是企业税后利润除以净资产得到的百分比。该指标反映股东权益的收益水平，用以衡量企业运用自有资本的效率。指标值越高，说明投资带来的收益越高。

示例：查询净资产收益率大于100的股票代码，并降序排列，代码如下。

```
from jqdata import *
# 查询净资产收益率大于100的股票代码，并降序排列
df=get_fundamentals(
    query(
        indicator.code,
        indicator.roe
    ).filter(
        indicator.roe>100
    ).order_by(indicator.roe.desc())
)
# 输出前 5 只股票
print(df[:5])
```

输出结果如下。

```
          code       roe
0   603603.XSHG   1356.31
1   600589.XSHG    729.32
2   002316.XSHE    449.98
3   300338.XSHE    388.96
4   000697.XSHE    321.61
```

②总资产净利率是净利润除以平均资产总额得到的百分比。该指标反映的是公司运用全部资产所获得利润的水平。换句话说，它反映公司每占用1元的资产，平均能获得多少元的利润。总资产净利率越高，表明公司投入产出水平越高，资产运营越有效，成本费用的控制水平越高。

示例：查询总资产净利率大于15的股票代码，并降序排列，代码如下。

```
from jqdata import *
# 查询总资产净利率大于 15 的股票代码，并降序排列
df=get_fundamentals(
    query(
        indicator.code,
        indicator.roa
    ).filter(
      indicator.roa > 15
    ).order_by(indicator.roa.desc())
)
# 输出前 5 只股票
print(df[:5])
```

输出结果如下。

```
      code        roa
0  002192.XSHE  37.07
1  601313.XSHG  28.49
2  300256.XSHE  25.08
3  603603.XSHG  18.84
4  688114.XSHG  18.73
```

本节我们学习了如何使用Python和聚宽量化交易平台进行基本面量化选股。其中重点探讨了成长类因子、规模类因子、价值类因子和质量类因子的选股方法。

在实际操作中，投资者可以根据自己的投资策略和风险偏好，灵活运用这些因子进行量化选股。此外，还可以结合其他基本面因子和技术指标，进一步优化选股结果。总之，运用Python和聚宽量化交易平台进行基本面量化选股，有助于投资者更加客观、科学地开展投资决策，提高投资收益。

当然，量化选股仅是投资过程的一部分。在实际操作中，投资者还需关注市场动态、公司基本面及其他可能影响股价的因素，以实现更加全面的投资分析。

7.3 Python量化择时及应用

随着金融市场的快速发展，量化投资逐渐成为投资界的主流趋势。在众多量化投资策略中，量化择时策略因其客观、数据驱动和系统化的特点备受关注。本节将简要介绍Python量化择时的基本内容，并通过实战案例探讨Python量化择时策略在投资中的应用价值。

相较于传统的定性分析，Python量化择时能够对海量数据进行深入挖掘，降低投资者的主观情绪对投资决策的影响，提高分析的准确性。在实际应用中，Python量化择时策略可以广泛应用于股票、期货、债券等金融产品中。

7.3.1 量化择时策略

量化择时是利用数量化的方法，通过对各种宏观和微观指标的量化分析，试图找到影响大盘走势的关键信息，并且对未来走势进行预测。简单来说就是用数量化的方式来判断买点和卖点。

常用的量化择时方法有趋势量化择时和市场情绪量化择时。趋势量化择时的基本思想来自技术分析，技术分析认为趋势存在延续性，因此只要找到趋势方向，跟随操作即可。趋势量化择时的主要指标有移动平均线（MA）、平滑异同移动平均线（MACD）和动态移动平均线（DMA）等。市场情绪量化择时是利用投资者的热情程度来判断趋势方向，当投资者情绪热烈时，大盘可能会继续涨；当投资者情绪低迷时，大盘可能继续下跌。常用的方法有：调查问卷、开户人数、搜索指数、报告评级、融资融券数据、舆情数据等。

技术指标是技术分析中使用最多的一种方法，通过考虑市场行为的多个方面建立一个数学模型，并给出完整的数学计算公式，对市场行为进行量化分析，从而得到一个体现证券市场某个方面的具体数值。

技术指标的分类如下。

（1）趋向指标（DMI），又称动向指标，主要用于判断市场的整体趋势，其特点是不试图捕顶和测底。它的基本原理是通过分析股价在上升及下跌过程中的均衡，即供需关系受价格的变动由均衡到失衡的循环过程，从而提供对趋势的判断依据。

示例：获取平安银行2023-09-01以来的MACD数据，UOS值，JS指标值，三天的5、10、20日均线及三天的6、12、24、72日VMA均线，代码如下。

```
from jqdata import *
# 导入technical analysis库
from jqlib.technical_analysis import *
# 获取平安银行2023-09-01以来的MACD数据
security = '000001.XSHE'
DIF,DEA,_MACD =MACD(security_list='000001.XSHE',
                    check_date='2023-09-01',SHORT=12,LONG=26,MID=9)
print ("DIF:",DIF)
print ("DEA:",DEA)
print ("MACD:",_MACD)
# 计算并输出UOS值
uos,mauos = UOS(security,check_date='2023-09-01',N1=7,N2=14,N3=28,M=6)
print("uos:",uos)
print("mauos:",mauos)
```

```
# 获得单只股票的 JS 指标值
_JS,MAJS1,MAJS2,MAJS3 = JS(security, check_date='2023-09-01',
N=5,M1=5,M2=10,M3=20)
print (_JS)
print (MAJS1)
print (MAJS2)
print (MAJS3)
# 获得一只股票三天的 5、10、20 日均线
check_dates=['2023-09-05','2023-09-06','2023-09-07']
for check_date in check_dates:
    MA5 = MA(security, check_date=check_date, timeperiod = 5)
    MA10 = MA(security, check_date=check_date, timeperiod = 10)
    MA20 = MA(security, check_date=check_date, timeperiod = 20)
    print (check_date,'5 日均线：',MA5[security])
    print (check_date,'10 日均线：',MA10[security])
    print (check_date,'20 日均线：',MA20[security])
# 获得一只股票三天的 6、12、24、72 日 VMA 均线
for check_date in check_dates:
    _VMA6 = VMA(security, check_date=check_date, timeperiod = 6)
    _VMA12 =VMA(security, check_date=check_date, timeperiod = 12)
    _VMA24 =VMA(security, check_date=check_date, timeperiod = 24)
    _VMA72 =VMA(security, check_date=check_date, timeperiod = 72)
    print (check_date,'6 日均线：',_VMA6[security])
    print (check_date,'12 日均线：',_VMA12[security])
    print (check_date,'24 日均线：',_VMA24[security])
    print (check_date,'72 日均线：',_VMA72[security])
```

输出结果如下。

```
DIF:{'000001.XSHE': -0.14355448805961402}
DEA:{'000001.XSHE': -0.10074764874036306}
MACD:{'000001.XSHE': -0.08561367863850192}
uos:{'000001.XSHE': 41.19330517615387}
mauos:{'000001.XSHE': 37.17213501659083}
{'000001.XSHE': 0.16028495102404247}
{'000001.XSHE': 0.03895352221048993}
{'000001.XSHE': -0.31688080562155685}
{'000001.XSHE': -0.3951480926311974}
2023-09-05 5 日均线：11.306000000000001
2023-09-05 10 日均线：11.296999999999999
2023-09-05 20 日均线：11.506999999999996
2023-09-06 5 日均线：11.366
2023-09-06 10 日均线：11.314999999999998
```

```
2023-09-06 20日均线： 11.47
2023-09-07 5日均线： 11.405999999999999
2023-09-07 10日均线： 11.334999999999997
2023-09-07 20日均线： 11.428500000000001
2023-09-05 6日均线： 11.310833333333335
2023-09-05 12日均线： 11.340000000000002
2023-09-05 24日均线： 11.647499999999999
2023-09-05 72日均线： 11.552291666666669
2023-09-06 6日均线： 11.315833333333332
2023-09-06 12日均线： 11.334583333333333
2023-09-06 24日均线： 11.615
2023-09-06 72日均线： 11.54857638888889
2023-09-07 6日均线： 11.344583333333333
2023-09-07 12日均线： 11.334166666666667
2023-09-07 24日均线： 11.573645833333332
2023-09-07 72日均线： 11.543819444444445
```

（2）反趋向指标是识别和追踪趋势运行转折点的图形类指标，其特点是具有强烈的捕顶和测底的意图，对市场转折点较敏感，如随机指标（KDJ指标）、相对强弱指标（RSI指标）等。

示例：获取平安银行三天的KDJ指标值及多只股票的RSI指标值，代码如下。

```
# 导入函数库
from jqdata import *
# 获取平安银行三天的KDJ指标值
from jqlib.technical_analysis import *
security = '000001.XSHE'
check_dates=['2023-09-05','2023-09-06','2023-09-07']
for check_date in check_dates:
    _K,_D,_J = KDJ(security, check_date=check_date, N=9,M1=3,M2=3)
    print(check_date,'K值为： ',_K[security])
    print(check_date,'D值为： ',_D[security])
    print(check_date,'J值为： ',_J[security])
# 获取多只股票的RSI指标值
from jqlib.technical_analysis import *
security_list = ['000001.XSHE','000002.XSHE','601211.XSHG']
_RSI =RSI(security_list, check_date='2023-09-01', N1 = 6)
for stock in security_list:
    print (stock,'2023-09-01日RSI线的值为： ',_RSI[stock])
```

输出结果如下。

```
2023-09-05  K值为： 35.39763368349481
2023-09-05  D值为： 28.262812738005564
2023-09-05  J值为： 49.66727557447331
```

```
2023-09-06    K 值为: 37.3239126517415
2023-09-06    D 值为: 31.283179375914276
2023-09-06    J 值为: 49.40537920339596
2023-09-07    K 值为: 33.524583743136255
2023-09-07    D 值为: 32.03031416498606
2023-09-07    J 值为: 36.51312289943665
000001.XSHE  2023-09-01 日 RSI 线的值为: 48.14587683462668
000002.XSHE  2023-09-01 日 RSI 线的值为: 58.711701770821044
601211.XSHG  2023-09-01 日 RSI 线的值为: 25.184134885352826
```

（3）压力支撑指标，又称通道指标，是通过顶部轨道线和底部轨道线，试图捕捉行情的顶部和底部的图形类指标，其特点是具有明显的压力线，也有明显的支撑线，如布林带（BOLL）指标、薛斯（XS）通道指标。

示例：获取平安银行多日内的XS指标值，代码如下。

```
from jqlib.technical_analysis import *
# 获取平安银行多日内的 XS 指标值
security = '000001.XSHE'
check_dates=['2023-10-31','2023-11-01']
for check_date in check_dates:
    SUP,SDN,LUP,LDN=XS(security, check_date='2023-09-01',timeperiod=13)
    print(check_date,'SUP 值为: ',SUP[security])
    print(check_date,'SDN 值为: ',SDN[security])
    print(check_date,'LUP 值为: ',LUP[security])
    print(check_date,'LDN 值为: ',LDN[security])
```

输出结果如下。

```
2023-10-31    SUP 值为: 12.213045414851043
2023-10-31    SDN 值为: 10.830436499962245
2023-10-31    LUP 值为: 12.958304513419952
2023-10-31    LDN 值为: 9.775563053983474
2023-01-05    SUP 值为: 12.213045414851043
2023-01-05    SDN 值为: 10.830436499962245
2023-01-05    LUP 值为: 12.958304513419952
2023-01-05    LDN 值为: 9.775563053983474
```

（4）量价指标是通过成交量的变动来分析捕捉价格未来走势的图形类指标，其特点是分析成交量与价格涨跌的关系，如能量潮（OBV）指标、成交量（VOL）指标等。

示例：获取多只股票多日的OBV指标值及VOL指标值，代码如下。

```
# 获取多只股票多日的 OBV 指标值
from jqlib.technical_analysis import *
security_list = ['000001.XSHE','000002.XSHE','601211.XSHG']
```

```
check_dates=['2023-10-31','2023-11-01']
for check_date in check_dates:
    for security in security_list:
        _OBV=OBV(security, check_date=check_date,timeperiod=30)
        print(check_date,f'{security} 的 OBV 值为: ',_OBV[security])
# 获取多只股票多日的 VOL 指标值
for check_date in check_dates:
    for security in security_list:
        _VOL,MAVOL1,MAVOL2=VOL(security, check_date='2023-09-01',M1=5,M2=10)
        print(check_date,f'{security} 的 VOL 值为: ',_VOL[security])
        print(check_date,f'{security} 的 MAVOL1 值为: ',MAVOL1[security])
        print(check_date,f'{security} 的 MAVOL2 值为: ',MAVOL2[security])
```

输出结果如下。

```
2023-10-31 000001.XSHE 的 OBV 值为: -294873827.0
2023-10-31 000002.XSHE 的 OBV 值为: -748748998.0
2023-10-31 601211.XSHG 的 OBV 值为: -31614236.0
2023-11-01 000001.XSHE 的 OBV 值为: -189648704.0
2023-11-01 000002.XSHE 的 OBV 值为: -646189402.0
2023-11-01 601211.XSHG 的 OBV 值为: - 20335684.0
2023-10-31 000001.XSHE 的 VOL 值为: 1138704.83
2023-10-31 000001.XSHE 的 MAVOL1 值为: 1456677.69
2023-10-31 000001.XSHE 的 MAVOL2 值为: 1142012.4989999998
2023-10-31 000002.XSHE 的 VOL 值为: 1050322.97
2023-10-31 000002.XSHE 的 MAVOL1 值为: 1252285.578
2023-10-31 000002.XSHE 的 MAVOL2 值为: 943734.473
2023-10-31 601211.XSHG 的 VOL 值为: 235357.87
2023-10-31 601211.XSHG 的 MAVOL1 值为: 560391.606
2023-10-31 601211.XSHG 的 MAVOL2 值为: 427629.72199999995
2023-11-01 000001.XSHE 的 VOL 值为: 1138704.83
2023-11-01 000001.XSHE 的 MAVOL1 值为: 1456677.69
2023-11-01 000001.XSHE 的 MAVOL2 值为: 1142012.4989999998
2023-11-01 000002.XSHE 的 VOL 值为: 1050322.97
2023-11-01 000002.XSHE 的 MAVOL1 值为: 1252285.578
2023-11-01 000002.XSHE 的 MAVOL2 值为: 943734.473
2023-11-01 601211.XSHG 的 VOL 值为: 235357.87
2023-11-01 601211.XSHG 的 MAVOL1 值为: 560391.606
2023-11-01 601211.XSHG 的 MAVOL2 值为: 427629.72199999995
```

7.3.2 未来发展趋势

量化择时策略的未来发展趋势如下。

（1）数据挖掘和人工智能技术的融合：Python在数据分析和机器学习领域有着丰富的库和工具，为研究人员提供了有力的支持。未来量化择时策略将更加注重数据的挖掘和处理，以提高预测的准确性。

（2）多元化策略研究：未来量化择时策略将朝向多元化发展，包括基本面分析、技术分析、市场情绪分析等多个方面。Python丰富的库和模块将有助于研究人员开展多元化的策略研究。

（3）实时交易系统的开发：Python可以实现高速的数据处理和低延迟交易，为实时交易系统提供技术支持，未来实时交易系统的发展将更加便捷。

在我国的市场环境下，Python量化择时策略具有广泛的应用前景。通过不断探索和实践，再结合数据挖掘和人工智能技术，量化择时策略在未来的金融市场中将发挥更加重要的作用。然而，投资者在应用量化择时策略时，也要注意风险控制，以降低市场波动带来的影响。

7.4 量化策略回测实现

本节将介绍量化策略回测的整个流程。先从聚宽量化交易平台获取所需的数据，然后利用Python编写量化策略，接着进行回测，最后对回测结果进行评估。

在众多技术指标中，MACD指标是股票行情软件中默认的第一个指标，也是投资者进行指标学习的入门指标，MACD指标因能较好地反映价格变动的趋势和力度，而被广泛应用于量化交易策略中。本节将讲解MACD指标的量化策略设计及回测实现过程，以期为读者提供一份实用的参考。

量化策略回测流程如下。

（1）选择股票池和实现回测函数，编写量化策略。

（2）设定回测时间段、初始金额及调仓频率。

（3）取得股票数据，调用handle_data函数。

（4）下单后，根据实际交易情况处理订单。

（5）下单后，可以调用get_open_orders函数取得所有未完成的订单，调用cancel_order函数取消订单。

（6）可以在任何时间输出日志。

（7）回测结束，生成回测报告。画出收益曲线和基准收益曲线，列出每日持仓、交易数据指标等。

MACD利用收盘价的短期（常用12日）指数移动平均线与长期（常用26日）指数移动平均线之间的聚合与分离状况，对买入、卖出时机作出研判。MACD表示经过平滑处理后均线的差异程度，主要用于判断金叉和死叉，如图7.1所示。

从图7.1中可以看出，快线DIF上穿慢线DEA，称为金叉，是买入的时机；快线DIF下穿慢线DEA，称为死叉，是卖出的时机。

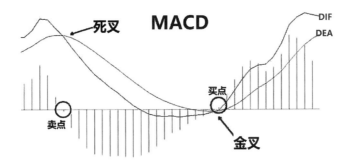

图7.1 金叉和死叉

MACD策略的实现思路如下。

（1）导入函数库。

（2）设定初始化函数。

（3）计算每日现金与MACD。

（4）根据MACD识别金叉与死叉。

（5）根据买入卖出信号进行交易。

实现的代码如下。

```
import jqdata
import pandas as pd
from jqlib.technical_analysis import *
def initialize(context):
    # 设定基准（沪深300）
    set_benchmark('000300.XSHG')
    # 开启动态复权模式
    set_option('use_real_price', True)
    # 标的股票
    g.security = '000002.XSHE'
    # 设置MACD默认值
    g.macd_yesterday = 0
def handle_data(context, data):
    security = g.security
    # 计算当天的MACD值
    DIF, DEA, _MACD = MACD(security_list=security,check_date=context.current_dt,
                        SHORT=6, LONG=12, MID=9)
    # 获取当日现金
    cash = context.portfolio.cash
    # 如果昨天的MACD为负，今天的MACD为正，则表示出现了金叉
    if g.macd_yesterday < 0 and _MACD[security] > 0 and cash > 0:
```

```
        order_value(security, cash)
    # 如果昨天的MACD为正,今天的MACD为负,则表示出现了死叉
    elif g.macd_yesterday > 0 and _MACD[security] < 0 and \
            context.portfolio.positions[security].closeable_amount > 0:
        order_target(security, 0)
    # 记录当天的MACD值,全仓买入时可以不用
    g.macd_yesterday = _MACD[security]
```

万科A股（000002.XSHE）2022年全年的MACD如图7.2所示。

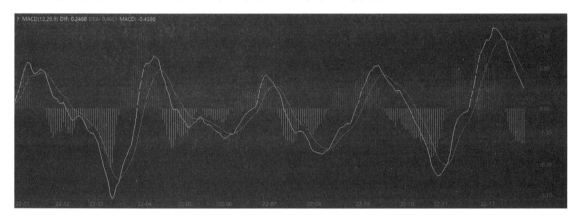

图7.2　万科A股的MACD

根据上面的代码在聚宽量化交易平台进行编译运行,最后单击"运行回测"按钮,如图7.3所示。

图7.3　聚宽量化交易平台编译界面

回测结果如图7.4所示。

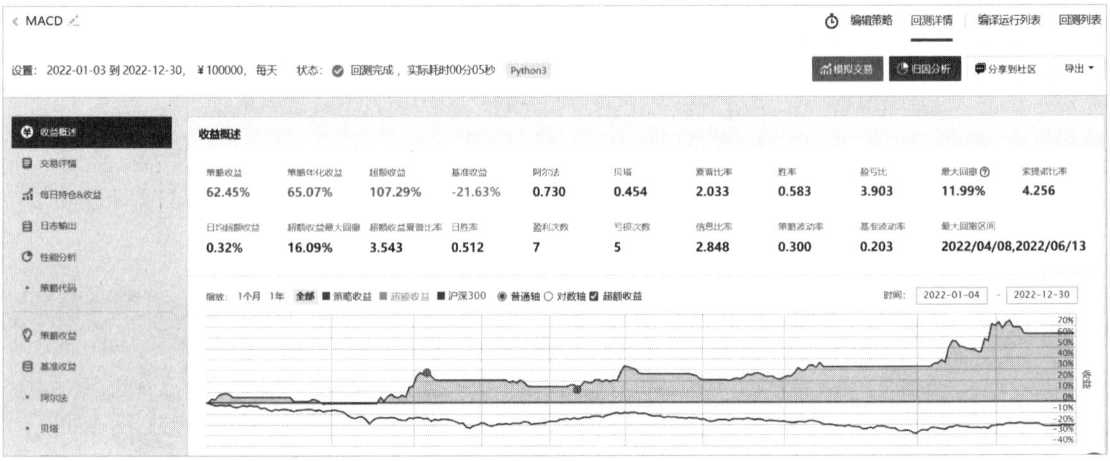

图7.4　MACD回测结果

从图7.4中可以看出该股票运用MACD策略后的各类风险指标，下面解读一些主要的风险指标所代表的意义。

风险指标是对风险的量化评价。股票投资收益率的不确定性通常被称为风险，具体是指股票市场的一些未知的、不可预测的因素对股票价格造成的不确定的影响，可能是正面影响，也可能是负面影响。风险指标有利于投资者对策略进行客观的评价。无论是回测还是模拟，所有的风险指标都只会根据每天收盘后的收益进行计算，每天更新一次，并不考虑每天盘中的收益情况。

阿尔法是投资者获得与市场波动无关的回报。阿尔法系数是基金或投资的绝对回报和按照贝塔系数计算的预期风险回报之间的差额。阿尔法收益与风险相关性很低。图7.4中的阿尔法是0.73，表明其投资在2022年的回报高出大盘指数0.73%。在投资活动中，实现正的阿尔法值是每个投资者渴望做到的，这意味着打败了市场或获取了超额收益。

贝塔表示投资的系统性风险，反映了策略对大盘变化的敏感性。贝塔值越高，代表该证券或投资组合对于市场波动的敏感度越高，风险也就越大。通常，市场本身的贝塔值被定义为1.0，而某个证券或投资组合的贝塔值则是根据其与市场收益率的相关性计算得出的。如果一个证券或投资组合的贝塔值大于1.0，则意味着它的波动性比市场平均水平高；反之，如果贝塔值小于1.0，则说明它的波动性比市场平均水平低。图7.4中的贝塔值是0.454，表示这个证券或投资组合的波动性比市场平均水平低。

夏普比率表示每承受一单位总风险，会产生多少超额报酬，可以同时对策略的收益与风险进行综合考虑。夏普比率代表投资人每多承担一分风险，可以拿到较无风险报酬率（定存利率，默认为0.03）高出几分的报酬。若夏普比率为正值，表示投资组合的预期收益率超过了无风险收益率，即投资者在承担一定风险的情况下获得了超额收益；若为负值，表示投资组合的预期收益率低于无风险收益率，即投资者在承担风险的情况下未能获得超额收益。从图7.4中可以看出该策略的夏普比率为正值，说明它表现不错。

最大回撤是指从选定周期内任一历史时点往后推，股价走到最低点时的收益率回撤幅度的最大值，即在某一段时期内，股价从最高点开始回落到最低点的幅度。最大回撤用来描述买入股票后可能出现的最糟糕的情况，是一个非常重要的风险指标。图7.4中的最大回撤为11.99%，算是比较低的。

索提诺比率表示每承担一单位的下行风险将会获得多少超额回报。它与夏普比率有相似之处，但索提诺比率运用的是下行波动率而不是总标准差，以区别不利和有利的波动。该值越高，表明承担相同单位下行风险时能获得越高的超额回报。索提诺比率可以看作夏普比率在衡量股票风险时的一种修正方式。从图7.4中可以看出，该策略的索提诺比率为4.256，这说明它表现不错。

信息比率用来衡量单位超额风险带来的超额收益。信息比率越大，说明该策略单位跟踪误差所获得的超额收益越高。因此，信息比率较大的策略的表现优于信息比率较低的策略。合理的投资目标是在承担适度风险的情况下，尽可能追求高信息比率。图7.4中的信息比率是2.848，说明运用该策略带来了超额收益。

策略波动率是衡量股票或衍生品价格波动范围的指标，常用来衡量风险。一般认为高策略波动率代表高风险，高风险对应高收益的可能。图7.4中的策略波动率为0.3，算是比较高的。

基准波动率用来测量基准的风险性，波动越大代表基准风险越高，大盘在不停地震荡，一会儿涨一会儿跌。图7.4中的基准波动率为0.203，比策略波动率低，说明基准波动率要比策略波动率稳定，风险低。

图7.4中，策略收益为62.45%，基准收益是−21.63%，从所有的指标能够看出该策略是不错的。

7.5　Python 量化交易策略实战案例

本节将介绍MA-RSI量化交易策略，先介绍它的选股范围、买卖信号等，接着介绍它的实现思路，最后通过代码形式实现它，并根据结果分析该策略。

MA-RSI量化交易策略是将MA、RSI这两个常见的指标结合，选出有上升趋势的个股，同时缩小选股的范围。它用一些简单的卖出和止损策略，去达到稳定的收益，是一种相对强弱指标平均线组合交易的策略。

MA-RSI量化交易策略选股范围：选取市值大于500亿元的股票（胜率相对较高），排除ST、科创板、创业板、退市、次新股股票，按净利润环比增长率降序排列。

MA-RSI量化交易策略的买卖信号：K线在MA-200均线上方，RSI-10小于25，买入股票；RSI-10大于40，持有股票第n天，个股下跌超过5%，卖出。

MA-RSI量化交易策略的实现思路如下。

（1）导入函数库，设定初始化函数。

（2）过滤无效的股票，根据MA-RSI指标信号选股。

（3）根据交易信号交易，支持风控。

实现代码如下。

```python
from jqdata import *
from jqlib.technical_analysis import *
import numpy as np
import pandas as pd
# 初始化函数，设定要操作的股票、基准等
def initialize(context):
    # 设定沪深300作为基准
    set_benchmark('000300.XSHG')
    # 设置开启避免未来数据模式
    set_option("avoid_future_data", True)
    #True 为开启动态复权模式，使用真实价格交易
    set_option('use_real_price', True)
    # 设定成交量比例
    set_option('order_volume_ratio', 1)
    # 股票类交易的手续费是：买入时，万分之三的佣金；卖出时，万分之三的佣金加千分之一的印花税，每笔交易佣金最低扣5元
    set_order_cost(OrderCost(close_tax=0.001, open_commission=0.0003,
                  close_commission=0.0003, min_commission=5), type='stock')
    # 持仓数量
    g.stocknum = 10
    g.hold_cnt = 0
    # 开盘时运行，快收盘时交易，选择沪深300
    run_daily(trade, time='14:50', reference_security='000300.XSHG')
# 选股
def check_stocks(context):
    # 获取当天时间
    now = context.current_dt
    # 创建买入股票池
    g.buylist = []
    # 拉取除ST、科创板、创业板、退市、次新股（>200days）的所有股票
    security_list = get_all_stock(context,now,200)
    # 过滤跌停的股票
    #security_list = filter_limitdown_stock(context,security_list)
    # 筛选股票
    q = query(valuation.code).filter(
        valuation.code.in_(security_list),
```

```python
            valuation.market_cap > 500     # 市值大于 500 亿元
        ).order_by(
            indicator.inc_net_profit_annual.desc()     # 按净利润同比增长率降序排列
        )
    security_list = list(get_fundamentals(q).code)
    # 获取现价
    h = get_bars(security_list, count = 1, unit = '1d',end_dt = now,
            fields = ['close'],include_now=True)
    # 获取 MA200 均线值
    MA200 = MA(security_list, check_date = now, timeperiod=200, unit = '1d',
            include_now = True)
    # 取得 RSI 值
    RSI10 = RSI(security_list, check_date = now, N1 = 10)
    # 按条件筛选
    for security in security_list:
        MA_True = h[security]['close'] > MA200[security]      # 收盘价高于 MA200
        RSI_True = RSI10[security] < 25       # RSI10 小于 30
        if MA_True and RSI_True:              # 两者都满足
            g.buylist.append(security)
            if len(g.buylist) == g.stocknum:
                break
    log.info(' 今日买入股票池: '+str(g.buylist))
    return g.buylist
# 拉取非 ST、非科创板、非创业板、非退市、非次新股的所有股票
def get_all_stock(context,now,ndays):
    df = get_all_securities(types=['stock'], date=now)
    df = df[( ~ df['display_name'].str.contains("ST")) &
        ( ~ df['display_name'].str.contains(" 退 ")) &
        ( ~ df['display_name'].str.contains("\*")) &
        ((df.index.str[0:3]!='300') &
        (df.index.str[0:3]!='688'))]
    return [str(stock) for stock in df.index if (context.current_dt.date()-
        df.loc[stock,'start_date']).days>ndays]  # 判断上市天数是否满足要求
# 交易
def trade(context):
    log.info(' 天数: '+str(g.hold_cnt))
    # 获取当天时间
    now = context.current_dt
    # 获取持仓股票
    holding_list = list(context.portfolio.positions.keys())
    # 获取持仓股票现价
```

```python
        h = get_bars(holding_list, count = 1, unit = '1d',end_dt = now,
                    fields = ['close'],include_now=True)
        # 按条件买卖
        if len(holding_list) == 0:      # 没有持仓，买入目标股票
            buy_list = check_stocks(context)
            for security in buy_list:
                Cash = context.portfolio.cash/len(buy_list)
                order_value(security,Cash)
                g.hold_cnt = 1
                log.info('买入股票：'+str(security))
        # 不足11天，筛选RSI>40或下跌超过-5%的股票卖出
        elif  g.hold_cnt > 0 and g.hold_cnt < 11:
            g.hold_cnt += 1
            for security in holding_list:
                RSI10 = RSI(security, check_date = now, N1 = 10)
                current_price = h[security]['close']    # 现价
                cost = context.portfolio.positions[security].avg_cost    # 买入价
                if RSI10[security] > 40 or current_price < 0.95*cost:
                    order_target_value(security, 0)
                    log.info('卖出股票：'+str(security))
                else:
                    break
        elif g.hold_cnt == 11:                  # 达到11天，卖出持仓股票
            buy_list = check_stocks(context)
            for security in holding_list:       # 卖出股票，判断是否不在买入目标股票中
                if security not in buy_list:
                    order_target_value(security, 0)
                    log.info('卖出股票：'+str(security))
                    g.hold_cnt = 0
            for security in buy_list:           # 买入股票，判断是否不在持仓股票池
                if security not in holding_list:
                    Cash = context.portfolio.cash/len(buy_list)
                    order_value(security,Cash)
                    g.hold_cnt = 1
                    log.info('买入股票：'+str(security))
        else:
            log.info('出错啦！！')
```

运行结果如图7.5所示。

图7.5 MA-RSI量化交易策略回测结果

从图7.5中可以看出策略收益大于基准收益,而且各项指标比较不错。

7.6 小结

本章探讨了Python在量化交易领域的应用,涵盖了量化交易数据获取、基本面量化选股、量化择时及应用、量化策略回测实现及实战案例。通过这些内容,希望为广大投资者提供一幅Python量化交易的完整"画卷",让大家了解到Python在量化交易领域的重要价值。

量化交易数据获取是实现交易策略的基础,我们介绍了如何利用Python获取交易数据,并将其应用于后续的量化分析中。基本面量化选股则是从公司的财务状况等多个维度进行综合评估,筛选出具有投资价值的个股。在此基础上,我们进一步探讨了如何利用Python进行量化择时,以及如何将量化策略应用于实际交易中。

量化策略回测是检验策略有效性的重要环节。通过Python回测框架,我们可以对策略进行历史数据回测,评估其在不同市场环境下的表现。本章以MACD量化交易策略为例,详细展示了如何实现策略回测,以及如何根据回测结果对策略进行优化。

最后,我们通过一个实战案例,让读者更加直观地了解Python量化交易策略在实际交易中的应用。MA-RSI量化交易策略在实际操作中取得了良好的表现,进一步验证了Python在量化交易领域的应用价值。

总之,Python凭借其强大的数据处理和分析能力,在量化交易领域具有广阔的应用前景。

第 8 章 数据可视化 Matplotlib

本章导读

在当今数据驱动时代，数据可视化已经成了工程师、科学家和分析师不可或缺的工具。它能够帮助我们更好地理解复杂的数据集，发现数据中的模式和趋势，从而为决策提供有力的支持。本章将介绍如何使用 Python 和数据可视化库 Matplotlib 实现这些功能。

知识要点

- Anaconda 的安装：介绍 Anaconda 的下载及在 Windows 系统中的安装。
- 配置 Jupyter Notebook：介绍 Jupyter Notebook 的主要特点及通过 Anaconda3 完成 Jupyter Notebook 的安装。
- 配置 Matplotlib：介绍在 Anaconda 中安装和配置 Matplotlib 的方法。
- 基本图形的绘制及示例：直方图、条形图、折线图、饼图、散点图、箱线图、极线图和阶梯图。
- 图标参数配置：探讨如何运用 Matplotlib 进行高阶数据可视化，通过图标参数配置来提升图表质量。
- 复杂图形的绘制及示例：堆积图、分块图和气泡图。
- 结合金融场景的 Matplotlib 基础案例：介绍如何使用 Matplotlib 绘制择时策略图并进行数据可视化，以直观地观察市场的走势和交易机会。

8.1 Anaconda 的安装

Anaconda是专业的数据科学计算环境，它集成了大部分包和工具，可以在同一个机器上安装不同版本的软件包及依赖项，并且能够在不同的环境之间切换，不需要多余的调试，使用非常方便。

Anaconda的下载：进入Anaconda官网，单击"Free Download"，如图8.1所示。

图8.1　Anaconda官网

选择个人计算机对应的操作系统进行下载，这里以Windows系统为例，如图8.2所示。

图8.2　Anaconda下载界面

下载完成后打开安装包，单击"Next"按钮，如图8.3所示。

在下一个界面单击"I Agree"按钮，同意Anaconda的协议，如图8.4所示。

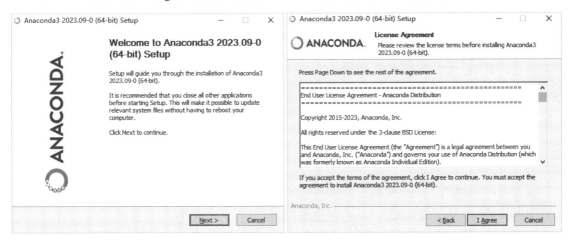

图8.3　Anaconda安装界面　　　　图8.4　同意Anaconda的协议

接下来选择"Just Me"单选按钮，然后单击"Next"按钮，如图8.5所示。

在下一个界面单击"Browse"按钮，选择安装路径。需要注意的是，Anaconda的安装路径不能有中文，如图8.6所示。

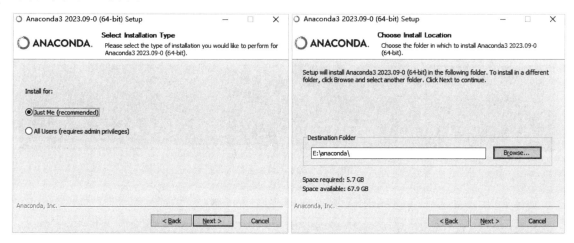

图8.5　选择为当前用户安装　　　　　　　图8.6　选择安装路径

勾选"Add Anaconda3 to my PATH environment variable"复选框，把Anaconda添加到环境变量中，然后单击"Install"按钮进行安装，如图8.7所示。

在完成安装界面，取消勾选其中的两个复选框，再单击"Finish"按钮，就可以完成安装了，如图8.8所示。

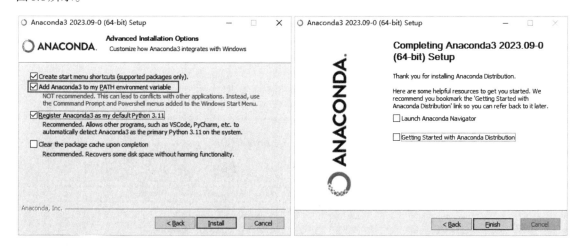

图8.7　选择添加到环境变量中，并进行安装　　　　图8.8　完成安装界面

安装完Anaconda3后，可以通过Anaconda Navigator来打开它。Anaconda Navigator是一个可视化的应用程序，可以方便地管理和启动Anaconda3中的各种工具和环境。

在Windows系统中，可以通过以下步骤打开Anaconda Navigator。

（1）在桌面上找到Anaconda Navigator (Anaconda3)的快捷方式，双击打开。

（2）在弹出的窗口中，单击"Launch"按钮即可。

在 macOS 操作系统中，可以通过以下步骤打开 Anaconda Navigator。

（1）在 Finder 中找到 Anaconda3 的应用程序，双击打开。

（2）在弹出的窗口中，选择 Anaconda Navigator 并单击"Launch"按钮即可。

8.2 配置 Jupyter Notebook

本节将通过 Anaconda3 完成 Jupyter Notebook 的安装。

Jupyter Notebook 是基于网页且用于交互计算的应用程序，它以网页的形式打开，可以在网页中直接编写代码和运行代码，代码的运行结果也会直接在代码块下显示。在编程过程中，如果需要编写说明文档，可在同一个页面中直接编写，便于及时说明和解释。

Jupyter Notebook 的主要特点如下。

（1）编程时具有语法高亮、缩进、Tab 补全的功能。

（2）可直接通过浏览器运行代码，同时在代码块下方显示运行结果。

（3）以富媒体格式展示计算结果，富媒体格式有 HTML、LaTeX、PNG、SVG 等。

（4）为代码编写说明文档或语句时，支持 Markdown 语法。

（5）支持使用 LaTeX 编写数学性说明。

先来安装 Jupyter Notebook。在 Winows 桌面上找到 Anaconda Navigator (Anaconda3) 的快捷方式，双击打开。找到 Jupyter Notebook，单击"Install"按钮，如图 8.9 所示。

安装好后，在 Jupyter Notebook 界面单击"Launch"按钮，如图 8.10 所示。

图 8.9　Jupyter Notebook 安装界面

图 8.10　单击"Launch"按钮

单击"Launch"按钮后就启动了 Jupyter Notebook，会出现图 8.11 所示的界面。

为了检验功能是否正常，单击右上角的"New"下拉按钮，选择"Python 3"选项，创建一个 Python 工程，如图 8.12 所示。

图 8.11　Jupyter 界面

图 8.12　创建一个 Python 工程

输入以下代码。

```
print("Hi Jupyter")
```

如果正确输出"Hi Jupyter",则说明 Jupyter Notebook 已经配置成功,可以正常运行 Python。

8.3　配置 Matplotlib

Matplotlib 是一个 Python 的 2D 绘图库,它以各种硬拷贝格式和跨平台的交互式环境生成出版质量级别的图形,是 Python 中常用的绘图库。在 Anaconda 中安装和配置 Matplotlib 很简单,按照以下步骤操作即可。

(1)打开 Anaconda Navigator,单击 Environments(环境)选项卡,在随后显示的"base(root)"中右击"Play"按钮 ○,在弹出的下拉列表中选择"Open Terminal"选项,如图 8.13 所示。

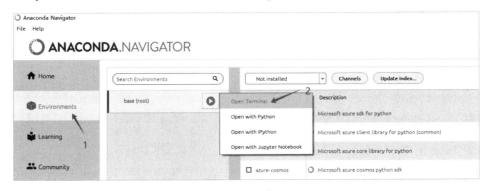

图 8.13　进入 Environments(环境)

（2）在弹出的 Terminal 中输入命令：conda install matplotlib，如图 8.14 所示。然后按 Enter 键等待安装完成。

图 8.14　Terminal（终端）界面

（3）安装完成后，选择"Jupyter"，单击"Launch"按钮，如图 8.15 所示。

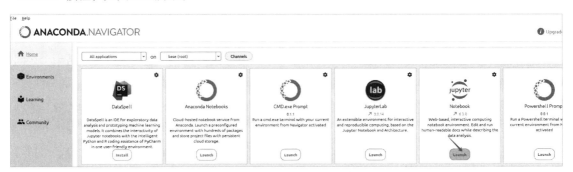

图 8.15　单击"Launch"按钮

在 Jupyter 界面选择"Python 3"，新建一个 Python 工程，如图 8.16 所示。

图 8.16　在 Jupyter 界面新建 Python 工程

输入"import matplotlib"，然后单击"运行"按钮，如图 8.17 所示。如果没有报错，则说明安装成功。

（4）修改 matplotlib.rcParams 的配置，让图形能够显示中文及一些特殊的符号，防止乱码。

修改的代码如下。

图 8.17　在 Jupyter 界面运行 Python 程序

```
import matplotlib.pyplot as plt
#用来正常显示中文
plt.rcParams['font.sans-serif']=['SimHei']
#用来正常显示负号
plt.rcParams['axes.unicode_minus']=False
```

8.4 直方图、条形图、折线图与饼图的绘制及示例

在数据可视化方面，Matplotlib 是一个不可或缺的工具，它为我们提供了丰富的绘图和可视化功能，使我们可以轻松地探索数据背后的故事。在众多可视化方式中，直方图、条形图、折线图和饼图是常见的几种类型。接下来，我们将了解这些图形的特点和用途，以及如何使用 Matplotlib 绘制它们。

1. 直方图

直方图，又称质量分布图，是一种用于展示数据分布情况的图表。它将数据分成若干个区间，并计算每个区间内的数据点数量。通过直方图，我们可以快速了解数据的分布情况，进而判断数据是否服从正态分布或其他分布。

直方图在金融大数据中的应用如下。

（1）股票数据分析：直方图可以用来展示股票数据的分布情况。通过对股票价格、成交量等数据的直方图进行分析，可以观察到数据的分布规律，进而挖掘潜在的投资机会。例如，通过观察股票价格的直方图，可以发现价格的分布是否均匀、是否存在异常值等。

（2）信用评分分析：在金融行业中，信用评分是一项重要的工作，直方图可以用来展示信用评分数据的分布情况。通过观察直方图，可以了解不同信用评分段的客户数量分布情况，进而制定相应的信贷政策。

（3）风险管理：直方图可以用来展示金融风险的分布情况。通过对风险数据的直方图进行分析，可以观察到风险分布的规律，进而制定相应的风险管理策略。

直方图的优点如下。

（1）数据分布清晰：直方图可以将数据分布情况清晰地展示出来。通过观察直方图，可以直观地了解数据的分布情况，如数据的峰值、数据的偏态等，便于进行分析和决策。

（2）分析效率高：直方图的分析效率相对较高。通过对数据的直方图进行分析，可以快速地了解数据的分布情况，从而进行进一步的分析和决策。

直方图的缺点如下。

（1）数据量要求高：直方图适合对大量的数据进行分析，对于数据量较少的情况，直方图可能无法准确地反映出数据的分布情况。

（2）数据分布假设：直方图的应用基于数据分布的假设，如果数据分布不满足假设，直方图的分析结果可能会产生误差。

选用直方图的方法如下。

（1）数据量的要求：选用直方图时，应确保数据量足够大。如果数据量较小，可以考虑使用其他的数据可视化工具。

（2）数据分布检验：在使用直方图进行数据分析之前，应对数据的分布进行检验。如果数据分布不满足直方图的假设，可以考虑使用其他的数据分析方法。

（3）结合其他分析方法：直方图在金融大数据中的应用可以与其他数据分析方法相结合。例如，可以结合回归分析、聚类分析等方法，从而提高数据分析的效果。

下面通过一个简单的示例来展示绘制直方图的方法，代码如下。

```
import matplotlib.pyplot as plt
import numpy as np
# 用来正常显示中文
plt.rcParams['font.sans-serif']=['SimHei']
# 用来正常显示负号
plt.rcParams['axes.unicode_minus']=False
# 生成随机数据
data = np.random.randn(1000)
# 创建直方图
plt.hist(data, bins=30, color='blue', alpha=0.75)
# 添加标题和坐标轴标签
plt.title(' 直方图示例 ')
plt.xlabel('X-axis')
plt.ylabel(' 频率 ')
# 显示图表
plt.show()
```

绘制结果如图 8.18 所示。

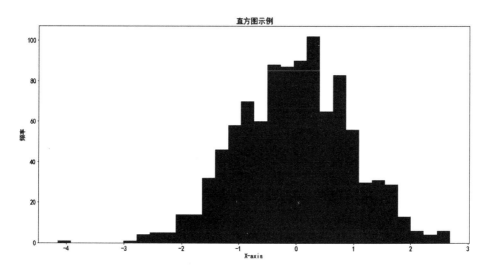

图 8.18　直方图

直方图作为一种常见的数据可视化工具，可以有效地展示金融大数据的分布情况。然而，直方图在金融大数据中的应用仍需结合实际情况进行分析和决策。

2. 条形图

条形图是一种用于显示分类数据的图表，它将数据按照不同的类别进行分组，并展示每个类别的数量或比例。条形图常用于比较不同类别之间的差异。

条形图在金融大数据中的应用如下。

（1）数据可视化：条形图可以将复杂的金融数据以直观的形式展示出来，使数据分析者更快速、更容易地理解和分析数据。例如，金融机构可以通过条形图展示不同产品的销售额、收益率等数据，从而更好地了解市场需求和产品表现。

（2）数据比较：条形图可以方便地对不同的数据进行比较。金融机构可以通过条形图比较不同时间段、不同产品、不同地区的金融数据，以便更好地了解数据的变化和趋势。

（3）数据分析：条形图可以帮助金融机构分析金融数据中的关系和趋势。例如，金融机构可以通过条形图分析不同因素对金融产品收益率的影响，从而制定更有效的投资策略。

选用条形图的方法如下。

（1）数据类型：在选用条形图时，需要根据数据类型选择合适的图表类型。如果数据是离散型的，可以选择普通的条形图；如果数据是连续型的，可以选择折线图、箱线图等。

（2）数据量：在选用条形图时，需要考虑数据量的大小。如果数据量较大，可以选择堆叠条形图、分组条形图等，以便更好地展示数据。注意数据量不能过大。

（3）分析目的：在选用条形图时，需要根据分析的目的选择合适的图表样式。如果需要比较不同数据之间的关系，可以选择并列条形图；如果需要分析数据的变化趋势，可以选择时间序列条形图。

下面通过一个简单的示例来展示绘制条形图的方法，代码如下。

```
import matplotlib.pyplot as plt
import numpy as np
from matplotlib import rcParams
rcParams['figure.figsize'] = (20, 10)
plt.rcParams['font.size'] = 16
# 用来正常显示中文
plt.rcParams['font.sans-serif']=['SimHei']
# 用来正常显示负号
plt.rcParams['axes.unicode_minus']=False
categories = ['A', 'B', 'C', 'D', 'E']
values = [5, 7, 10, 3, 8]
# 创建条形图
plt.bar(categories, values, color='green')
# 添加标题和坐标轴标签
plt.title('条形图示例')
plt.xlabel('类别')
plt.ylabel('价值')
# 显示图表
plt.show()
```

绘制结果如图8.19所示。

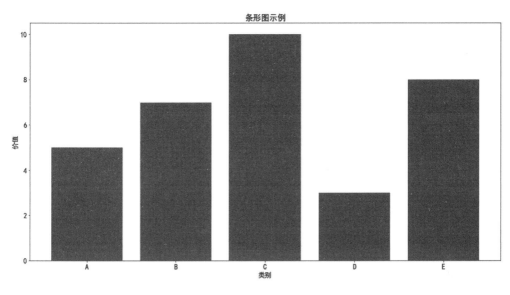

图8.19 条形图

条形图在金融大数据中的应用非常广泛,但在选用条形图时需要注意数据类型、数据量和分析目的等因素。只有选用合适的条形图,才能更好地展示和分析金融大数据。

3. 折线图

折线图是一种用于显示数据随时间变化的图表,它可以帮助我们观察趋势、周期性和其他时间序列数据的特点。折线图常用于显示股票价格、气温等随时间变化的数据。

折线图在金融大数据中的应用如下。

(1)数据可视化:折线图可以将复杂的金融数据以直观的形式展示出来,使数据分析者更快速、更容易地理解和分析数据。例如,金融机构可以通过折线图展示股票价格、汇率、利率等数据,从而更好地了解市场变化和趋势。

(2)数据比较:折线图可以方便地对不同的数据进行比较。通过在同一图表中绘制多条折线,可以直观地看到不同周期或不同类型的金融数据之间的差异和联系。

(3)数据分析:折线图上的趋势、交叉点及形态等特征,往往蕴含着丰富的市场信息。通过深入分析这些特征,可以进行金融预测、风险评估等高级应用。以股票价格走势图为例,当股价突破某一重要压力位时,可能意味着市场对该股票的乐观情绪升温,未来股价有望继续上涨;相反,如果股价跌破某一关键支撑位时,则可能意味着市场对该股票的悲观情绪加剧,投资者需要警惕风险。

选用折线图的方法如下。

(1)数据类型:在选用折线图时,需要根据数据类型选择合适的图表类型。如果数据是连续型的,可以选择普通的折线图;如果数据是离散型的,可以选择条形图等。

(2)数据量:在选用折线图时,需要考虑数据量的大小。如果数据量较大,可以选择堆叠折线图、分组折线图等,以便更好地展示数据。注意数据量不能过大。

(3)分析目的:在选用折线图时,需要根据分析的目的选择合适的图表样式。如果需要比较不同数据之间的关系，可以选择并列折线图；如果需要分析数据的变化趋势，可以选择时间序列折线图。

下面通过一个简单的示例来展示绘制折线图的方法，代码如下。

```python
import matplotlib.pyplot as plt
import numpy as np
from matplotlib import rcParams
rcParams['figure.figsize'] = (20, 10)
plt.rcParams['font.size'] = 16
# 用来正常显示中文
plt.rcParams['font.sans-serif']=['SimHei']
# 用来正常显示负号
plt.rcParams['axes.unicode_minus']=False
# 生成随机数据
x = np.arange(0, 10, 0.2)
y = np.sin(x)
# 创建折线图
plt.plot(x, y, color='red', marker='o')
# 添加标题和坐标轴标签
plt.title('折线图示例')
plt.xlabel('X-axis')
plt.ylabel('Y-axis')
# 显示图表
plt.show()
```

绘制结果如图8.20所示。

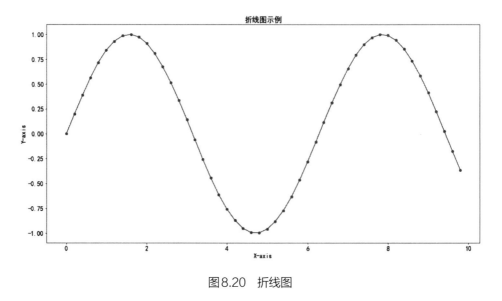

图8.20　折线图

折线图在金融大数据中的应用非常广泛，但在选用折线图时需要注意数据类型、数据量和分析目的等因素。只有选用合适的折线图，才能更好地展示和分析金融大数据。

4. 饼图

饼图是一种用于显示各部分占总体比例的图表，它将一个圆形分成若干个扇形，每个扇形代表一个部分，并显示该部分占总体的比例。饼图常用于显示占比关系，但需要注意，当部分的数量较多时，饼图的可读性会降低。

饼图在金融大数据中的应用如下。

（1）数据可视化：饼图可以将复杂的金融数据以直观的形式展示出来，使数据分析者更快速、更容易地理解和分析数据。例如，金融机构可以通过饼图展示不同金融产品的市场份额、资产配置比例等数据，从而更好地了解市场结构和趋势。

（2）数据比较：饼图可以方便地对不同的数据进行比较。金融机构可以通过饼图比较不同数据项之间的比例关系，以便更好地了解各部分数据的大小和重要性。

（3）数据分析：饼图可以帮助金融机构分析金融数据中的关系和趋势。例如，金融机构可以通过饼图分析不同金融产品的市场份额变化，从而制定更有效的市场战略。

选用饼图的方法如下。

（1）数据类型：在选用饼图时，需要根据数据类型选择合适的图表类型。如果数据是分类型的，可以选择普通的饼图；如果数据是连续型的，可以选择箱线图、折线图等。

（2）数据量：在选用饼图时，需要考虑数据量的大小。如果数据量较大，可以选择堆叠饼图、分组饼图等，以便更好地展示数据。注意数据量不能过大。

（3）分析目的：在选用饼图时，需要根据分析的目的选择合适的图表样式。如果需要比较不同数据之间的关系，可以选择并列饼图；如果需要展示数据的分层结构或子类别信息，可以选择嵌套饼图。

下面通过一个简单的示例来展示绘制饼图的方法，代码如下。

```
import matplotlib.pyplot as plt
import numpy as np
from matplotlib import rcParams
rcParams['figure.figsize'] = (20, 10)
plt.rcParams['font.size'] = 16
# 用来正常显示中文
plt. rcParams['font.sans-serif']=['SimHei']
labels = ['A', 'B', 'C', 'D']
sizes = [15, 30, 45, 10]
colors = ['red','yellow','blue','grey']
# 创建饼图
plt.pie(sizes, labels=labels, colors=colors, autopct='%1.1f%%', startangle=90)
# 添加标题
plt.title(' 饼图示例 ')
# 显示图表
plt.show()
```

绘制结果如图8.21所示。

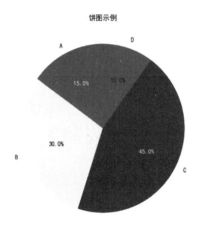

图8.21　饼图

饼图在金融大数据中的应用非常广泛，但在选用饼图时需要注意数据类型、数据量和分析目的等因素。只有选用合适的饼图，才能更好地展示和分析金融大数据。

8.5 散点图、箱线图的绘制及示例

本节将重点介绍Matplotlib库在散点图和箱线图绘制方面的应用，以帮助读者更好地掌握数据可视化技巧，为实际项目提供支持。

1. 散点图

散点图通常是指在回归分析中，数据点在直角坐标系平面上的分布图。它表示因变量随自变量而变化的大致趋势，因此可以选择合适的函数对数据点进行拟合。

散点图在金融大数据中的应用如下。

（1）数据可视化：散点图可以将复杂的金融数据以直观的形式展示出来，使数据分析者更快速、更容易地理解和分析数据。例如，金融机构可以通过散点图展示股票的涨跌情况、债券的利率与到期时间的关系等数据，从而更好地了解金融产品的表现和风险。

（2）数据比较：散点图可以方便地对不同的数据进行比较。金融机构可以通过散点图比较不同金融产品、不同时间段、不同地区的金融数据，以便更好地了解数据的变化和趋势。

（3）数据分析：散点图可以帮助金融机构分析金融数据中的关系和趋势。例如，金融机构可以通过散点图分析股票的收益率与市盈率的关系，从而制定更有效的投资策略。

选用散点图的方法如下。

（1）数据类型：在选用散点图时，需要根据数据类型选择合适的图表类型。如果数据是连续型的，可以选择普通的散点图；如果数据是分类型的，可以选择饼图等。

（2）数据量：在选用散点图时，需要考虑数据量的大小。如果数据量较大，可以选择散点图矩阵等，以便更好地展示数据。

（3）分析目的：在选用散点图时，需要根据分析的目的选择合适的图表样式。如果数据中包含多个组别，且需要比较不同组别之间的差异时，可以选择分组散点图。

下面通过一个简单的示例来展示绘制散点图的方法，代码如下。

```
import matplotlib.pyplot as plt
import numpy as np
from matplotlib import rcParams
rcParams['figure.figsize'] = (20, 10)
plt.rcParams['font.size'] = 16
# 用来正常显示中文
plt.rcParams['font.sans-serif']=['SimHei']
# 用来正常显示负号
plt.rcParams['axes.unicode_minus']=False
x = np.random.rand(100)
y = np.random.rand(100)
plt.title('散点图示例')
plt.xlabel('X 轴标签')
plt.ylabel('Y 轴标签')
plt.scatter(x, y, color='blue', s=100, marker='o', alpha=0.5)
plt.show()
```

绘制结果如图8.22所示。

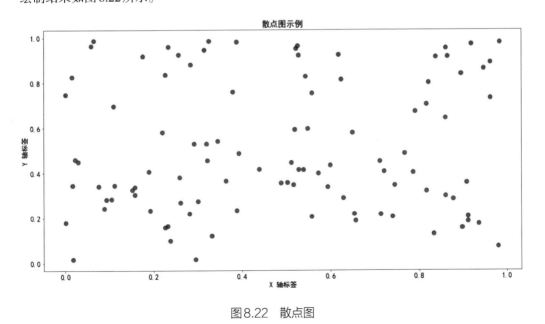

图8.22　散点图

散点图在金融大数据中的应用非常广泛，但在选用散点图时需要注意数据类型、数据量和分析目的等因素。只有选用合适的散点图，才能更好地展示和分析金融大数据。

2. 箱线图

箱线图，又称盒须图、盒式图、箱形图，主要用于展示一组数据的分布情况，包括数据的极小值、下四分位数、中位数、上四分位数和极大值等，如图8.23所示。

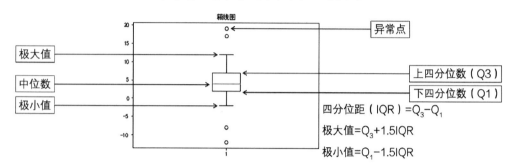

图8.23 箱线图的分布情况

箱线图在金融大数据中的应用如下。

（1）数据可视化：箱线图可以将复杂的金融数据以直观的形式展示出来，使数据分析者更快速、更容易地理解和分析数据。例如，金融机构可以通过箱线图展示股票的收益分布、债券的利率分布等数据，从而更好地了解金融产品的风险和收益特征。

（2）数据比较：箱线图可以方便地对不同的数据进行比较。金融机构可以通过箱线图比较不同组别之间的数据分布差异，识别数据中的异常值。

（3）数据分析：箱线图可以帮助金融机构分析金融数据中的关系和趋势。例如，金融机构可以通过箱线图分析股票的收益率分布，从而制定更有效的投资策略。

下面通过一个简单的示例来展示绘制箱线图的方法，代码如下。

```python
import matplotlib.pyplot as plt
import numpy as np
from matplotlib import rcParams
rcParams['figure.figsize'] = (20, 10)
plt.rcParams['font.size'] = 16
# 用来正常显示中文
plt.rcParams['font.sans-serif']=['SimHei']
# 用来正常显示负号
plt. rcParams['axes.unicode_minus']=False
x = np.random.randn(100)
# 自定义异常值
outliers = [2.5, -3.8, 3.2]
# 绘制箱线图并自定义异常值样式
plt.boxplot(x, flierprops={'marker': 'x', 'markerfacecolor': 'red',
           'markersize': 8, 'linestyle': 'none'},
           notch=True, showfliers=True)
```

```
# 添加自定义异常值显示
plt.scatter(np.full(len(outliers), 1), outliers, marker='x', color='red')
plt.title(' 箱线图示例 ')
plt.xlabel('X 轴标签 ')
plt.ylabel('Y 轴标签 ')
plt.show()
```

绘制结果如图 8.24 所示。

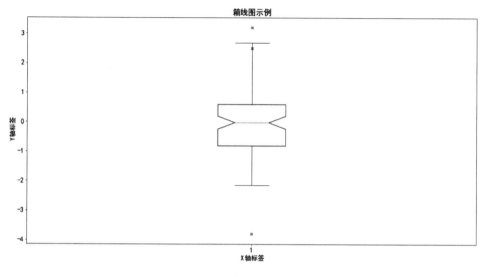

图 8.24　箱线图

箱线图在金融大数据中的应用非常广泛，但要根据箱线图的应用特点来选用，这样才能更好地展示和分析金融大数据。

8.6　极线图、阶梯图的绘制及示例

本节将介绍 Matplotlib 库中极线图与阶梯图的绘制方法。

1. 极线图

极线图用于表示极坐标下的数据分布情况，多用于显示具有一定周期性的数据。

极线图在金融大数据中的应用如下。

（1）数据可视化：极线图可以将复杂的金融数据以直观的形式展示出来，使数据分析者更快速、更容易地理解和分析数据。例如，金融机构可以通过极线图展示股票的多个指标（如市盈率、市净率、股息率等）在同一图表中的表现，从而更好地了解金融产品的整体表现。

（2）数据比较：极线图可以方便地对不同数据进行比较。金融机构可以通过极线图比较多种金

融数据或指标，这有助于进行市场分析、风险评估、投资决策等。

（3）数据分析：极线图可以帮助金融机构分析金融数据中的关系和趋势。例如，金融机构可以通过极线图分析多个指标之间的关系，从而制定更有效的投资策略。

下面通过一个简单的示例来展示如何绘制极线图，代码如下。

```python
import matplotlib.pyplot as plt
import numpy as np
from matplotlib import rcParams
rcParams['figure.figsize'] = (20, 10)
plt.rcParams['font.size'] = 16
# 用来正常显示中文
plt.rcParams['font.sans-serif']=['SimHei']
# 用来正常显示负号
plt.rcParams['axes.unicode_minus']=False
# 创建数据
angles = [0, 120, 240, 360]
values = [10, 20, 30, 40]
# 绘制极线图
plt.polar(angles, values)
# 添加标题和标签
plt.title('极线图示例')
plt.xlabel('角度')
plt.ylabel('值')
# 显示图表
plt.show()
```

绘制结果如图8.25所示。

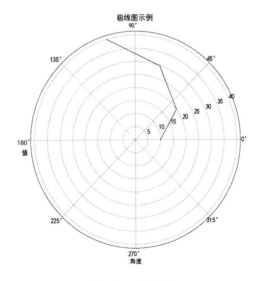

图8.25　极线图

极线图在金融大数据中的应用非常广泛，但要根据极线图的应用特点来选用，这样才能更好地展示和分析金融大数据。

2. 阶梯图

阶梯图是一种用于显示离散数据的图表，以无规律、间歇型阶跃的方式来表达数值的变化。它不仅可以像折线图一样反映数据发展的趋势，还可以反映数据状态的持续时间。

阶梯图在金融大数据中的应用如下。

（1）数据可视化：阶梯图可以将复杂的金融数据以直观的形式展示出来，使数据分析者更快速、更容易地理解和分析数据。例如，金融机构可以通过阶梯图展示不同金融产品的收益率分布，从而更好地了解金融产品的风险和收益特征。

（2）数据比较：阶梯图可以方便地对不同数据进行比较。金融机构可以通过阶梯图比较不同金融产品、不同时间段、不同地区的金融数据，以便更好地了解数据的变化和趋势。

（3）数据分析：阶梯图可以帮助金融机构分析金融数据中的关系和趋势。例如，金融机构可以通过阶梯图分析金融产品的收益率分布，从而制定更有效的投资策略。

下面通过一个简单的示例来展示如何绘制阶梯图，代码如下。

```
import matplotlib.pyplot as plt
import numpy as np
from matplotlib import rcParams
rcParams['figure.figsize'] = (20, 10)
plt.rcParams['font.size'] = 16
# 用来正常显示中文
plt.rcParams['font.sans-serif']=['SimHei']
# 用来正常显示负号
plt.rcParams['axes.unicode_minus']=False
# 创建数据
x = [0, 1, 2, 3, 4, 5]
y = [10, 20, 15, 25, 18, 22]
# 绘制阶梯图
plt.step(x, y)
# 添加标题和标签
plt.title('阶梯图示例')
plt.xlabel('位置')
plt.ylabel('值')
# 显示图表
plt.show()
```

绘制结果如图8.26所示。

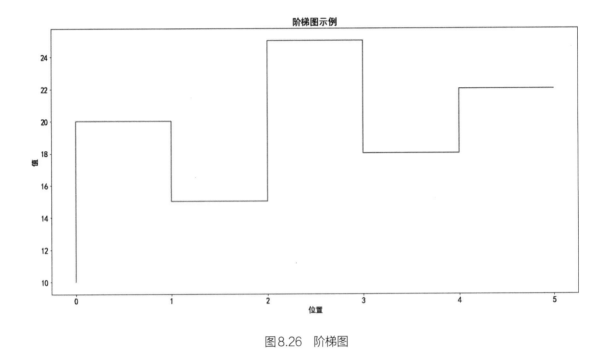

图 8.26 阶梯图

阶梯图在金融大数据中的应用非常广泛,但要根据阶梯图的应用特点来选用,这样才能更好地展示和分析金融大数据。

8.7 图标参数配置

在数据可视化过程中,图表的清晰度、美观性和易读性至关重要。作为 Python 的一款强大绘图库,Matplotlib 为我们提供了丰富的功能来满足这些需求。本节将重点探讨如何运用 Matplotlib 进行高阶数据可视化,通过图标参数配置来提升图表质量。

图标(Markers)在数据可视化中扮演着重要角色,它有助于展示数据点的分布和特征。Matplotlib 内置了多种图标类型,如圆形、正方形、三角形等。此外,我们还可以通过自定义图标的颜色、大小和形状等参数来实现个性化的高阶可视化效果。

以下是一个简单的示例,演示如何使用 Matplotlib 配置图标参数,代码如下。

```
import matplotlib.pyplot as plt
import numpy as np
from matplotlib import rcParams
rcParams['figure.figsize'] = (20, 10)
plt.rcParams['font.size'] = 16
# 用来正常显示中文
```

```python
plt.rcParams['font.sans-serif']=['SimHei']
# 用来正常显示负号
plt.rcParams['axes.unicode_minus']=False
# 创建数据
x = np.linspace(0, 10, 100)
y1 = np.sin(x)
y2 = np.cos(x) + 1
# 创建一个图形和坐标轴
plt.figure()
ax = plt.gca()
# 使用不同图标绘制数据点
ax.plot(x, y1, marker='o', linestyle='-', label='正弦波', color='red')
ax.plot(x, y2, marker='s', linestyle='--', label='余弦波 + 1', color='blue')
# 添加图例
plt.legend(loc='best')
# 添加坐标轴标签
ax.set_xlabel('X-axis', fontsize=12)
ax.set_ylabel('Y-axis', fontsize=12)
# 设置标题
plt.title('利用Matplotlib实现高阶数据可视化')
# 显示图表
plt.show()
```

绘制结果如图8.27所示。

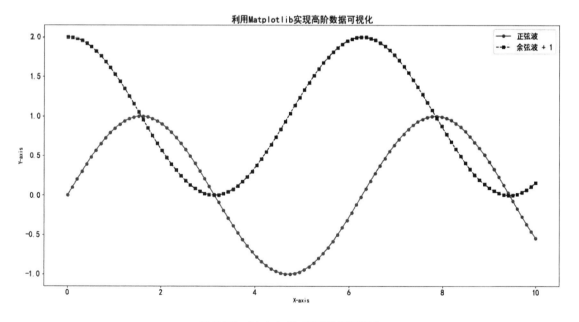

图8.27　Matplotlib高阶数据可视化

通过以上代码，我们创建了一个高阶数据可视化图表，它清晰地展示了两条曲线的差异。

以下是绘制数据点时各图标参数的详细说明。

（1）marker：图标类型，可用o（圆圈）、s（正方形）、^（三角形）、*（五角星）、h（六边形）、P（五边形）、p（小五边形）、8（八角形）、+（加号）、=（等号）、[（左括号）、]（右括号）、$（美元符号）、@（At符号）等。

（2）linestyle：线条样式，如：-（实线）、--（虚线）、:（点线）、-.（点划线）等。

（3）label：图例标签，可选类型为字符串。

在实际应用中，可以根据需求调整图标类型、颜色、大小和线条样式等参数，以进一步提高图表的可视化效果。

总之，在高阶数据可视化中，Matplotlib 为我们提供了丰富的图标配置选项。通过灵活运用这些选项，我们可以创作出更具专业性和简洁性的数据可视化图表。

8.8 堆积图的绘制及示例

堆积图是一种在同一坐标系中绘制多个数据序列的图表，这些序列是逐层堆积的。这种图表通常用于显示不同类别或时间段的累计数量、百分比或趋势。在 Matplotlib 中，我们可以通过堆叠多个子图来实现堆积图。

以下是一个创建堆积图的简单示例，代码如下。

```
import matplotlib.pyplot as plt
import numpy as np
from matplotlib import rcParams
rcParams['figure.figsize'] = (20, 10)
plt.rcParams['font.size'] = 16
# 用来正常显示中文
plt. rcParams['font.sans-serif']=['SimHei']
# 用来正常显示负号
plt. rcParams['axes.unicode_minus']=False
# 创建数据
x = [1, 2, 3, 4, 5]
y1 = [1, 1, 2, 3, 5]
y2 = [0, 4, 2, 6, 8]
y3 = [1, 3, 5, 7, 9]
y = np.vstack([y1, y2, y3])
labels = ['A', 'B', 'C']
fig, ax = plt.subplots()
ax.stackplot(x, y1, y2, y3, labels=labels, colors=['red', 'blue', 'green'],
```

```
alpha=0.7)
ax.set_title('堆积图示例')
ax.set_xlabel('类别')
ax.set_ylabel('值')
ax.set_xticks(np.arange(len(labels)))
ax.legend(labels, loc='upper left')
ax.set_xlim(0, len(labels))
ax.set_ylim(0, 10)
ax.grid(True, which='both')
ax.set_frame_on(True)
ax.minorticks_on()
ax.tick_params(axis='both', which='both', length=0)
plt.show()
```

以上代码将创建一个堆积图，显示3个数据序列在不同类别之间的累积情况。

绘制结果如图8.28所示。

注意事项如下。

（1）确保输入的数据格式正确，x轴和y轴的数据应具有相同的长度。

（2）在创建堆积图时，可以使用plt.stackplot()函数的多个参数来调整图表的外观和行为。例如，可以设置每个数据序列的线型、线宽、标记等。

（3）如果需要在堆积图中显示多个子图，请确保使用plt.subplots()函数创建一个新的图形对象。否则，Matplotlib将使用当前图形对象进行绘制。

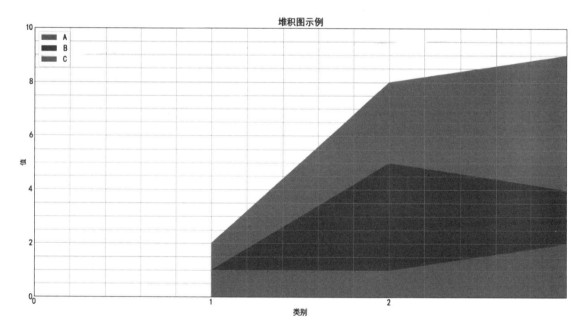

图8.28　堆积图

总之，在 Matplotlib 中创建堆积图是一种简单而有效的方法，可以直观地展示多组数据之间的累积关系。

8.9 分块图的绘制及示例

分块图是一种用于展示多维数据的可视化方法，它可以将不同数集进行并列显示，通常用于对同一方面的不同主体进行比较。在 Matplotlib 中，可以通过绘制分块图来展示不同类别的分布和关系。

以下是一个绘制分块图的简单示例，代码如下。

```
import matplotlib.pyplot as plt
plt.rcParams['font.sans-serif'] = 'SimHei'
# 创建数据
name_list = ['上海','北京','广州']
sh=[102,110,135]
bj=[108,98,124]
gz=[95,124,88]
width=0.4
# 绘制分块图
x=[1,3,5]
plt.bar(x,sh,label='city1',fc='r',width=width)
x=[1.4,3.4,5.4]
plt.bar(x,bj,label='city2',fc='g',width=width)
x=[1.8,3.8,5.8]
plt.bar(x,gz,label='city3',fc='b',width=width)
plt.xticks(x,name_list)
plt.legend()
plt.title('城市销量图')
# 设置坐标轴标签
plt.xlabel('城市')
plt.ylabel('销量')
# 显示图表
plt.show()
```

绘制结果如图 8.29 所示。

第 8 章 数据可视化 Matplotlib

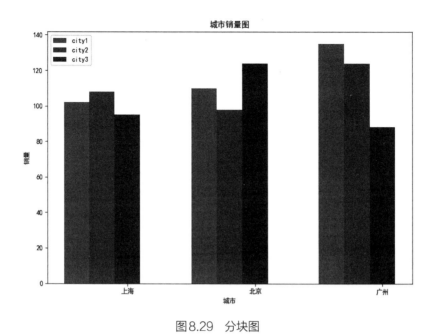

图 8.29　分块图

8.10　气泡图的绘制及示例

气泡图是散点图的变形，通过气泡的大小和颜色来表示第三个和第四个数值变量。它适用于比较和展示不同类别气泡（圆点）之间的关系，通过气泡的位置和面积大小来分析数据。

气泡图的主要元素如下。

（1）横轴和纵轴：气泡图通常使用横轴和纵轴来表示两个变量的值。这些变量可以是数值型的、分类型的或时间型的。

（2）气泡大小：气泡图通过气泡的大小来表示第三个变量的值。通常，气泡的大小与该变量的值成正比，较大的气泡表示较大的数值。

（3）气泡颜色：气泡图还可以使用颜色来表示第四个变量的值。不同的颜色可以用于区分不同的数据类别或表示不同的数值范围。

以下是一个绘制气泡图的简单示例，代码如下。

```
# 导入所需库
import matplotlib.pyplot as plt
import numpy as np
plt.rcParams['font.sans-serif'] = 'SimHei'
# 读取数据
income = np.array([5550, 7500, 10500, 15000, 20000, 25000, 30000, 40000])
```

```
outcome = np.array([800, 1800, 1250, 2000, 1800, 2100, 2500, 3500])
nums = np.array([5, 3, 10, 5, 12, 20, 8, 10])
# 通过scatter()函数的s参数和c参数分别控制面积和颜色
plt.scatter(income, outcome, s=nums * 30, c=nums, cmap='Reds')
# 显示颜色条
plt.colorbar()
# 设置坐标轴标签
plt.xlabel('月收入')
plt.ylabel('网购金额')
plt.title('月收入和网购及次数的关系图')
# 显示图表
plt.show()
```

绘制结果如图8.30所示。

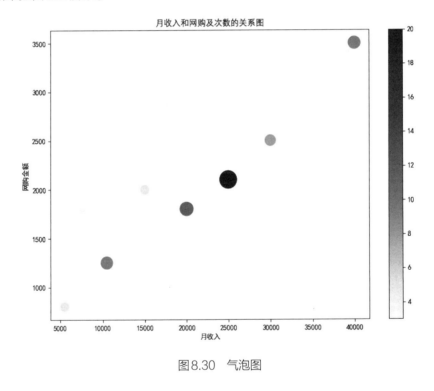

图8.30 气泡图

8.11 结合金融场景的 Matplotlib 基础案例

Matplotlib在金融领域的应用非常广泛,可以使用Matplotlib可视化交易策略和性能。市场择时是指投资者基于对未来市场走势的预测,在合适的时间点进行买卖操作的行为。这一策略的核心在于对市场趋势的准确判断，以及在此基础上的投资决策。

假设择时策略是基于移动平均线的，可以使用Matplotlib绘制择时策略图，以直观地观察市场的走势和交易机会。

代码如下。

```python
import matplotlib.pyplot as plt
import numpy as np
import pandas as pd
plt.rcParams['font.sans-serif'] = 'SimHei'
# 示例数据
data = {
    '日期': ['2021-01-01', '2021-01-02', '2021-01-03', '2021-01-04',
           '2021-01-05','2021-01-06'],
    '开盘价': [100, 105, 102, 108, 110,98],
    '收盘价': [102, 108, 105, 110, 115,120],
    '最高价': [105, 110, 108, 112, 118,125],
    '最低价': [98, 102, 100, 104, 110,95]
}
# 转换为DataFrame
df = pd.DataFrame(data)
# 设置移动平均线周期
window = 5
# 计算移动平均线
ma_close = df['收盘价'].rolling(window=window).mean()
# 定义择时策略：当收盘价大于移动平均线时买入，当收盘价小于移动平均线时卖出
buy_signal = df['收盘价'] > ma_close
sell_signal = df['收盘价'] < ma_close
# 创建0～1的随机颜色矩阵，用于表示买入和卖出的信号
signal = np.where(buy_signal, 1, 0)
# 绘制择时策略图
plt.figure(figsize=(10, 6), dpi=80)
# 绘制收盘价和移动平均线
plt.plot(df['日期'], df['收盘价'], label='收盘价', alpha=0.5)
plt.plot(df['日期'], ma_close, label='移动平均线', alpha=0.5)
# 绘制买入和卖出信号
plt.scatter(df.index, df['收盘价'] * signal, c='red', label='买入')
plt.scatter(df.index, df['收盘价'] * (1 - signal), c='green', label='卖出')
# 设置坐标轴标签
plt.xlabel('日期')
plt.ylabel('收盘价')
# 设置标题
plt.title('择时策略图')
```

```
# 显示图例
plt.legend()
# 显示图表
plt.show()
```

结果如图8.31所示。

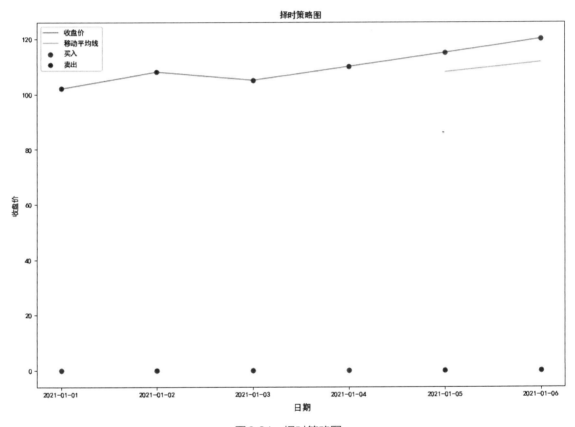

图8.31 择时策略图

在这个案例中,我们使用Matplotlib绘制了一幅择时策略图,展示了收盘价、移动平均线及基于移动平均线的择时策略。这有助于我们直观地观察市场的走势,并更好地实施我们的交易策略。

请注意,这只是一个简单的示例,实际应用中可能需要根据具体需求和策略调整代码。也可以使用Matplotlib绘制其他类型的金融图表,如趋势线、技术指标等,以更好地分析和优化交易策略。

8.12 小结

在金融领域,数据可视化具有非常重要的意义。通过直观的图形,我们可以更容易地理解金融数据背后的趋势和模式，从而做出准确的决策。

　　Matplotlib是一个非常强大和实用的数据可视化库，本章详细介绍了如何使用Matplotlib进行数据可视化。从环境的配置到各种类型的图表绘制，再到具体的案例分析，希望能帮助读者掌握Matplotlib这个强大的可视化工具。

第3篇
金融企业级项目实战篇

第 9 章
基于NumPy的股价统计分析实战

本章导读

为了更好地把握市场动态,提高投资收益,量化投资逐渐成了投资者关注的焦点。量化投资是指通过数学模型、计算机技术等方法,对金融数据进行深度挖掘和分析,从而为投资决策提供依据的一种投资方式。在量化投资中,股价统计分析是一个重要的环节,它可以帮助投资者了解股票的历史走势、波动性等信息,为投资决策提供有力的支持。

本章将以实战案例的形式,详细介绍基于NumPy的股价统计分析方法。

知识要点

- 项目需求分析:对项目需求进行分析,明确本次实战的目标和意义。
- 数据获取及处理:介绍数据的获取及处理的方法,包括数据来源、数据清洗等内容。
- 基于NumPy的股价均线实战:讲解基于NumPy的股价均线实战方法,帮助投资者更好地把握股票的趋势。
- 基于NumPy的股票成交量统计分析:介绍基于NumPy的股票成交量统计分析方法,为投资者提供更多的投资参考信息。

9.1 项目需求分析

量化工程师在面对海量的股票数据时,需要借助有效的工具和框架进行数据挖掘和模式识别。

1. 项目背景

在股票市场中,股价的波动受到多种因素的影响,如宏观经济、政策面、公司基本面等。对于投资者而言，如何在复杂多变的股市中把握股价走势、挖掘投资机会，成了一项极具挑战性的任务。为了提高投资决策的准确性和有效性，越来越多的投资者开始关注股价均线和成交量等指标。本项目旨在利用 NumPy 库实现股价均线实战和股票成交量统计分析，为投资者的决策提供有力的支持。

2. 功能需求

（1）股价均线计算与实战应用。

① 计算股票的日、周、月均线，以便投资者了解股价在不同时间周期内的走势。

② 根据均线策略，为投资者提供买入和卖出信号。例如，当短期均线上穿长期均线时，发出买入信号；当短期均线下穿长期均线时，发出卖出信号。

③ 绘制股价与均线的走势图，帮助投资者更直观地分析股价与均线之间的关系。

（2）股票成交量统计分析。

① 计算股票的日、周、月成交量，以便投资者了解股票在不同时间周期内的交易活跃程度。

② 分析成交量的变化趋势，为投资者提供股票交易量的预警信号。例如，当成交量明显增大时，可能预示着股价的突破或转折。

③ 绘制股票成交量与股价的走势图，帮助投资者分析成交量与股价之间的关系。

3. 非功能需求

（1）性能需求：系统应具有较高的计算效率，能够在短时间内完成大量数据的计算和分析。

（2）可扩展性需求：系统应具备良好的可扩展性，以便后期添加其他股票分析功能。

（3）系统稳定性需求：系统应具备较高的稳定性，能够在不同环境下稳定运行。

（4）用户体验需求：系统界面应简洁易用，方便投资者快速上手。

4. 技术选型

（1）编程语言：Python。Python 是一种广泛应用于数据分析和机器学习的编程语言，其丰富的库和简洁的语法可以使开发过程更加高效。

（2）数据分析库：NumPy。NumPy 是 Python 中一个高性能数值计算库，提供了丰富的数学运算函数和统计分析函数，满足本项目对股价均线计算和股票成交量统计分析的需求。

（3）数据可视化库：Matplotlib。Matplotlib 是 Python 中一个数据可视化库，能够绘制多种类型的图表，如折线图、条形图等。本项目将使用 Matplotlib 库绘制股价与均线、成交量的走势图，帮助投资者更直观地分析数据。

（4）数据存储库：Pandas。Pandas 是 Python 中一个数据存储和分析库，提供了 DataFrame 对象，方便本项目对股票数据进行存储、清洗和分析。

综上所述，本项目将采用 Python，并结合 NumPy、Matplotlib 和 Pandas 等库，实现股价均线实战和股票成交量统计分析功能。通过本项目，量化工程师可以利用 NumPy 库对股票数据进行深入挖掘和分析，提取有价值的参考信息。从股价统计到均线实战再到成交量分析，每一环节都为投资者提供了全面而精准的投资决策支持。

9.2 数据获取及处理

现今，数据已经成了企业和个人的重要资产。如何有效地获取和处理数据，并提取有价值的信息，成了一个重要的问题。Python 提供了丰富的库和工具，可以帮助我们轻松地完成数据的获取和任务的处理。

（1）数据获取：Wind 数据服务商提供了 API 接口，我们可以通过调用 API 接口来获取数据。

（2）数据处理的要点如下。

● 数据清洗：获取的数据通常需要进行清洗，去除无用的信息，如换行符、空格等脏的文本。Python 提供了 replace()、dropna() 等函数，可以帮助我们进行数据清洗。

● 数据转换：有时我们需要将数据转换为特定的格式，以便后续处理和分析，Python 提供了 Pandas 库，可以帮助我们进行数据的转换和整理。

（3）数据存储的要点如下。

● 文件存储：Python 可以将处理后的数据保存为各种格式的文件，如 CSV、JSON 和 Excel 等。我们可以使用内置的 open() 函数或者 Pandas 库的 to_csv 和 to_excel 方法，将数据保存为文件。

● 数据库存储：除了从数据库中获取数据，我们也可以将处理后的数据保存到数据库。Python 提供了 SQLite3 和 pymysql 等库，可以帮助我们操作 SQLite 和 MySQL 等数据库。

（4）本项目从 Wind 的 API 接口获取张江高科从 2002 年 7 月 1 日到 2023 年 7 月 3 日的股票数据，进行处理后保存为 CSV 格式并存入指定的文件夹，代码如下。

```
# 从 Wind 上获取数据
import pandas as pd
from WindPy import w
import numpy as np
w.start()
isconnected =  w.isconnected()
print('是否连接成功',isconnected)
data_root = 'D:/××/data'
if isconnected == True:
    # 设定时间
    start_date = "2022-07-01"
    end_date = "2023-07-03"
    # 获取张江高科股票数据
    symbol = "600895.SH"
    stock = w.wsd(symbol, "open,high,low,close,volume", start_date, end_date)
    datas = pd.DataFrame()
    datas['open'] = stock.Data[0]
    datas['high'] = stock.Data[1]
    datas['low'] = stock.Data[2]
    datas['close'] = stock.Data[3]
```

```
datas['volume'] = stock.Data[4]
datas = datas[datas['open'] > 0]
datas.insert(0, 'code', symbol, allow_duplicates=False)
datas.insert(1, 'date', stock.Times, allow_duplicates=False)
# 若发现列名中有换行符、空格等脏的文本则删除
col = datas.columns.values
datas.columns = [x.replace('\n', '') for x in col]
col = datas.columns.values
datas.columns = [x.replace(' ', '') for x in col]
# 删除所有包含缺失值的行
datas.dropna(inplace=True)
file_root = data_root + '/' + symbol + '.csv'
datas.to_csv(file_root)
print('已经成功存储到：', file_root)
```

Python提供了丰富的库和工具，可以帮助我们轻松地完成数据的获取、处理和存储任务。通过掌握这些技能，我们可以更好地利用数据，提取有价值的信息，为企业和个人带来更大的价值。

9.3 基于 NumPy 的股价均线实战

在金融市场中，均线是一个非常实用的技术指标，它可以帮助投资者识别市场的趋势、支撑位与阻力位。本节将基于 Python 中的 NumPy 库，详细介绍如何实现简单移动平均线（Simple Moving Average，SMA）和指数移动平均线（Exponential Moving Average，EMA），并通过实战案例来展示这两种均线的应用。

先来介绍简单移动平均线。简单移动平均线是通过计算一段时间内股票收盘价的算术平均值来得到的。它一般用于分析时间序列上的股价趋势，计算股价与等权重的指示函数的卷积。这种方法的优点是计算简单，易于理解，缺点是对于近期的价格变动反应较慢，可能会忽略一些重要的短期趋势。

简单移动平均线的主要表现过程：根据目标的时间窗口（时、日）生成时间序列的权重，然后进行卷积运算，最后进行均线可视化。

接下来介绍指数移动平均线。与简单移动平均线不同，指数移动平均线是指历史数据的权重以指数速度衰减，计算股价与权重衰减的指示函数的卷积。也就是通过计算加权平均数得到的，即较近的收盘价具有较大的权重。这种方法的优点是对价格变动的反应速度较快，能够更好地捕捉到短期趋势，缺点是计算过程较为复杂，需要对权重进行调整。

指数移动平均线的主要表现过程：先权重初始化，再权重衰减，然后进行卷积运算，最后进行均线可视化。

下面通过读取上一节处理好的数据来实现简单移动平均线和指数移动平均线的功能。实现过程的代码如下。

```python
#-*- coding: utf-8 -*-
import numpy as np
import matplotlib.pyplot as plt
# 用来正常显示中文
plt.rcParams['font.sans-serif']=['SimHei']
# 用来正常显示负号
plt.rcParams['axes.unicode_minus']=False
# 简单移动平均线
def SMAtest(file_name):
    # 跳过第一行读入数据
    end_price = np.loadtxt(
        fname = file_name,
        delimiter = ',',
        usecols = (6),
        unpack = True,
        skiprows=1
    )
    # 算出移动窗口
    N = 5
    # 生成权重
    weights = np.ones(N) / N
    sma = np.convolve(weights, end_price)[N - 1:-N + 1]
    t = np.arange(N - 1, len(end_price))
    plt.plot(t, end_price[N - 1:], lw=1.0, label='收盘价', color='blue')
    plt.plot(sma, lw=2.0,label='简单移动平均线', color='red')
    plt.title('收盘价及简单移动平均线')
    plt.xlabel('时间')
    plt.ylabel('价格')
    plt.legend()
    plt.show()
# 指数移动平均线
def EMAtest(file_name):
    end_price = np.loadtxt(
        fname=file_name,
        delimiter=',',
        usecols=(6),
        unpack=True,
        skiprows=1
    )
    N = 5
    weights = np.exp(np.linspace(-1, 0, N))
    weights /= weights.sum()
```

```python
        ema = np.convolve(weights, end_price)[N - 1:-N + 1]
        t = np.arange(N - 1, len(end_price))
        # 画收盘价的线
        plt.plot(t, end_price[N - 1:], lw=1.0,label='收盘价', color='blue')
        # 画指数移动平均线
        plt.plot(t, ema, lw=2.0,label='指数移动平均线', color='red')
        plt.title('收盘价及指数移动平均线')
        plt.xlabel('时间')
        plt.ylabel('价格')
        plt.legend()
        plt.show()
if __name__ == "__main__":
        # 读取 csv 文件
        file_name = "D:/xx/600895.SH.csv"
        SMAtest(file_name)
        EMAtest(file_name)
```

结果如图9.1和图9.2所示。

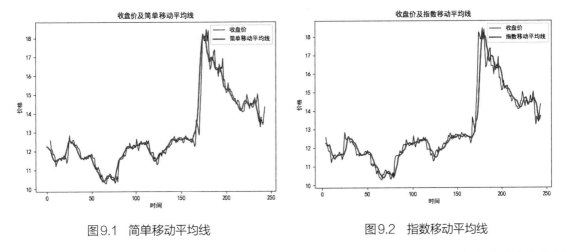

图9.1　简单移动平均线　　　　　　　图9.2　指数移动平均线

葛南维移动平均线八大法则是一种基于移动平均线的技术分析方法，由美国投资专家葛南维创造。这八大法则被移动平均线使用者视为技术分析中的至宝。

我们可以根据葛南维移动平均线八大法则，判断买入卖出信号。

（1）移动平均线从下降逐渐走平且略向上方抬头，而收盘价从移动平均线下方向上方突破，为买入信号。

（2）收盘价位于移动平均线之上运行，回档时未跌破移动平均线后又再度上升时为买入时机。

（3）收盘价位于移动平均线之上运行，回档时跌破移动平均线，但短期移动平均线继续呈上升趋势，此时为买入时机。

（4）收盘价位于移动平均线以下运行，突然暴跌，距离移动平均线太远，极有可能向移动平均线靠近（物极必反，下跌反弹），此时为买入时机。

（5）收盘价位于移动平均线之上运行，连续数日大涨，离移动平均线越来越远，说明近期内购买股票者获利丰厚，随时都会产生获利回吐、卖压现象，应暂时卖出所持股票。

（6）移动平均线从上升逐渐走平，而收盘价从移动平均线上方向下跌破移动平均线时，说明卖压渐重，应卖出所持股票。

（7）收盘价位于移动平均线下方运行，反弹时未突破移动平均线，且移动平均线跌势减缓，趋于水平后又出现下跌趋势，此时为卖出时机。

（8）收盘价反弹后在移动平均线上方徘徊，而移动平均线却继续下跌，宜卖出所持股票。

以上八大法则中的第三条和第八条不易掌握，具体运用时风险较大，在未熟练掌握移动平均线的使用法则前可以考虑放弃使用。

9.4 基于 NumPy 的股票成交量统计分析

股票成交量反映了市场参与者对某只股票的买卖意愿和活跃程度。对于投资者来说，了解和掌握成交量的变化趋势，有助于更好地把握市场动态，制定投资策略。本节将基于 NumPy 库，对股票成交量进行统计分析，并实现 OBV（On Balance Volume，能量潮）指标，以期为投资者提供一种实用的分析工具。

OBV 指标是一种基于成交量的技术分析指标，通过计算累计成交量与价格走势的关系，来判断股票的买卖力量和趋势。OBV 指标的核心思想是：当股价上涨时，如果成交量也随之增加，则说明买方力量较强，股价有继续上涨的动力；反之，如果成交量减少，则说明卖方力量较强，股价可能会回调。同样，当股价下跌时，如果成交量增加，则说明卖方力量较强，股价有继续下跌的动力；反之，如果成交量减少，则说明买方力量较强，股价可能会反弹。因此，通过对 OBV 指标的分析，可以帮助投资者判断市场的多空力量对比，从而做出更为明智的投资决策。

下面将介绍 OBV 指标的计算方法，并通过案例演示如何使用 NumPy 实现 OBV 指标。最后，我们将对 OBV 指标进行分析，探讨其在股票投资中的应用价值。

OBV 指标的计算公式为：

$$当日 OBV = 前一日 OBV + 今日成交量$$

> 注意：如果当日收盘价高于前日收盘价取正值，反之取负值，平盘取零。OBV 把汇价上升时的成交量视为人气积聚，做相应的加法处理；而把汇价下跌日的成交量视为人气离散，做减法运算。

实现代码如下。

```python
#-*- coding: utf-8 -*-
import numpy as np
import pandas as pd
import matplotlib.pyplot as plt
# 用来正常显示中文
plt.rcParams['font.sans-serif']=['SimHei']
# 用来正常显示负号
plt.rcParams['axes.unicode_minus']=False
def OBVtest(file_name):
    # 跳过第一行读入数据
    end_price,volume = np.loadtxt(
        fname=file_name,
        delimiter=',',
        usecols=(6,7),
        unpack=True,
        skiprows=1
    )
    length = len(end_price)
    banseobv = 0
    allobvs = [0]
    for i in range(1,length-1):
        if end_price[i+1] > end_price[i]:
            nowobv = banseobv + volume[i+1]
        elif end_price[i+1] < end_price[i]:
            nowobv = banseobv - volume[i + 1]
        else:
            nowobv = 0
        allobvs.append(nowobv)
    # mobv:obv30 日的平均线计算
    N = 30
    # 转换成 pd，算 30 日均线
    df = pd.DataFrame(allobvs, columns=['obv'])
    df['mobv'] = df['obv'].rolling(N).mean()
    newmobv = df['mobv'].to_numpy()
    t = np.arange(len(end_price)-1)
    mt = np.arange(len(newmobv))
    plt.plot(t, allobvs, lw=1.0, label='OBV', color='red')
    plt.plot(mt, newmobv, lw=2.0, label='MOBV', color='blue')
    #plt.bar(x=t, height=volume[1:length], label='成交量', color='green',
            alpha=0.8)
    plt.show()
if __name__ == "__main__":
    # 读取 csv 文件
    file_name = "D:/xx/600895.SH.csv"
    OBVtest(file_name)
```

结果如图9.3所示。

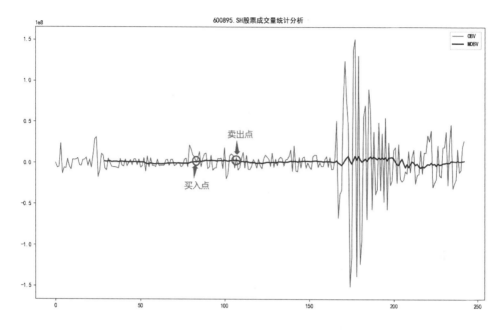

图9.3　600895.SH股票成交量统计分析

从图9.3中可以看出成交量的累积变化与股价走势之间的关系。很多人都想抓最低点入场，这时就可以看OBV线的背离，如果MOBV线在OBV线上有向上抬升的趋势，应择机买入（见图9.3中的买入点）。如果MOBV线向下，OBV线上涨遇到MOBV线后又有向下的趋势，应择机卖出（见图9.3中的卖出点）。

9.5　小结

在金融市场中，股票价格的波动是投资者关注的焦点。为了更好地理解和预测股票价格的走势，我们需要对股票价格进行深入的统计分析。本章内容的主要目标是通过使用Python的NumPy库，对股票价格进行统计分析，包括均线分析和成交量分析。

先获取一家上市公司的历史股票价格数据，包括每天的开盘价、收盘价、最高价、最低价和成交量。我们将获取的数据保存为CSV格式的文件，然后使用Python的Pandas库读取CSV文件，将数据转换为DataFrame格式。接着，我们对数据进行了清洗，删除包含缺失值的行和列。使用NumPy库实现简单移动平均线和指数移动平均线，帮助我们了解股票价格的趋势。最后，使用NumPy库对股票成交量进行统计分析，让我们了解成交量的变化情况，帮助我们确定买入和卖出的时机。

第10章
基于Matplotlib的股票技术分析实战

本章导读

股票技术分析是一种通过研究历史价格和成交量数据来预测未来价格走势的方法，它可以帮助投资者在股票市场中做出更加明智的投资决策。在众多的股票技术分析指标中，MACD、KDJ和布林带是常用的3个指标，它们分别代表趋势、动量变化和波动性，为投资者提供了更加全面的股票分析信息。

本章旨在通过Python和Matplotlib库实现这3个技术分析指标的可视化，帮助投资者更好地理解和应用这些指标，从而为投资决策提供有力的支持。同时，本章内容也为其他技术分析指标的可视化提供了一个可行的解决方案，具有一定的通用性和扩展性。

知识要点

- 项目需求分析：对项目需求进行分析，明确本次实战的目标和意义。
- 数据获取及处理：介绍数据的获取及处理的方法，包括数据来源、数据筛选等内容。
- 基于Matplotlib实现MACD：介绍MACD的计算方法、主要应用等，并通过Matplotlib绘制MACD线和柱状图，展示股票的趋势。
- 基于Matplotlib实现KDJ：介绍KDJ的主要作用、计算方法等，并通过Matplotlib绘制K线、D线和J线，反映股票的动量变化。
- 基于Matplotlib绘制布林带：介绍布林带的计算方法，并通过Matplotlib绘制中轨线、上轨线和下轨线，展示股票的波动性。

10.1 项目需求分析

1. 项目背景

在当今的金融市场，技术分析在股票投资决策中扮演着至关重要的角色。通过研究历史数据，投资者可以预测未来的市场趋势。本项目旨在基于 Matplotlib 库实现股票技术分析中的 MACD、KDJ 和布林带等指标，帮助投资者更好地制定股票投资决策。

2. 功能需求

（1）基于 Matplotlib 实现 MACD 指标。MACD（平滑异同移动平均线）是一种常用的技术分析指标，用于判断股票的买入和卖出时机。本项目需实现 MACD 指标的计算和绘制，包括 DIF（代表快线）、DEA（代表慢线）和 MACD 柱状图。

（2）基于 Matplotlib 实现 KDJ 指标。KDJ 指标（即随机指标）是一种常用的技术分析指标，用于判断股票的超买和超卖状态。本项目需实现 KDJ 指标的计算和绘制，包括 K 值、D 值和 J 值。

（3）基于 Matplotlib 绘制布林带。布林带（Bollinger Bands）是一种常用的技术分析指标，用于判断股票的波动范围和可能的反转点。本项目需实现布林带指标的计算和绘制，包括中轨线、上轨线和下轨线。

3. 非功能需求

（1）数据可视化：本项目需将计算结果以图形的形式展示，便于用户直观地了解股票的技术分析情况。

（2）数据准确性：本项目需确保计算数据的准确性，避免因数据错误导致分析结果出现偏差。

（3）性能优化：本项目需对计算过程进行优化，提高计算速度，满足用户实时分析的需求。

4. 技术选型

本项目主要使用 Python 和 Matplotlib 库进行开发。Matplotlib 是一个功能强大的绘图库，可以方便地实现各种图形的绘制，满足本项目的需求。

10.2 数据获取及处理

聚宽数据服务商提供了 API 接口，我们可以通过调用该接口来获取数据，如获取上证指数或股票的历史行情数据。然后对获取的数据进行处理，如删除缺失值、重复值等。接下来根据需求筛选出符合条件的数据，如筛选大于 0 的数据。最后将处理后的数据保存到本地文件或数据库中，以便后续使用。

获取万科 A 股（000002.XSHE）的历史行情数据，将其清洗后存入指定的文件夹，代码如下：

```
from jqdatasdk import *
auth('注册的用户名','注册的密码')
```

```python
data_root = "D:/xx/data"
def get_single_price(code,start_date,end_date,time_freq):
    '''
    获取单只股票行情数据
    :param code:
    :param start_date:
    :param end_date:
    :param time_freq:
    :return:
    '''
    datas = get_price(code,start_date=start_date,end_date=end_date,
                      frequency=time_freq,panel=False)
    datas = datas[datas['open'] > 0]
    # 选择有成交量的
    datas = datas[datas['volume'] > 0]
    datas.insert(0, 'date', datas.index, allow_duplicates=False)
    datas.insert(1, 'code', code, allow_duplicates=False)
    # 若发现列名中有换行符、空格等脏的文本则删除
    col = datas.columns.values
    datas.columns = [x.replace('\n', '') for x in col]
    col = datas.columns.values
    datas.columns = [x.replace(' ', '') for x in col]
    # 删除所有包含缺失值的行
    datas.dropna(inplace=True)
    file_root = data_root + '/' + code + '.csv'
    datas.to_csv(file_root)
    print('已经成功存储到：', file_root)
    return datas
if __name__ == "__main__":
    # 获取万科 A 股的历史行情数据
    code = "000002.XSHE"
    start_date = "2022-08-10"
    end_date = "2023-08-10"
    time_freq = "daily"
    stock = get_single_price(code,start_date,end_date,time_freq)
    print(stock)
```

结果如下。至此数据已经清洗好并存入指定的文件夹。

```
auth success
已经成功存储到： D:/xx/data/000002.XSHE.csv
2022-08-10  000002.XSHE  14.46  14.42  14.53  14.35  47662632.0  6.870915e+08
2022-08-11  000002.XSHE  14.46  14.58  14.60  14.41  69461990.0  1.007490e+09
```

```
2022-08-12    000002.XSHE    14.52    14.67    14.69    14.43    59657227.0     8.703591e+08
2022-08-15    000002.XSHE    14.60    14.59    14.80    14.55    57079517.0     8.359798e+08
2022-08-16    000002.XSHE    14.69    14.80    15.01    14.67    88719638.0     1.316120e+09
    ...           ...         ...      ...      ...      ...       ...              ...
2023-08-04    000002.XSHE    14.86    14.50    14.91    14.46    127833362.0    1.868462e+09
2023-08-07    000002.XSHE    14.32    14.01    14.33    13.94    113779608.0    1.603374e+09
2023-08-08    000002.XSHE    14.00    13.87    14.07    13.85    63686954.0     8.882310e+08
2023-08-09    000002.XSHE    13.87    13.98    14.08    13.83    57134436.0     7.984949e+08
2023-08-10    000002.XSHE    13.99    14.03    14.15    13.87    60905045.0     8.524979e+08
[245 rows x 8 columns]
Process finished with exit code 0
```

10.3 基于 Matplotlib 实现 MACD

MACD是一种常用的技术分析工具，用于研究股票、外汇等金融市场的价格走势。它反映了股价变化的速度，是一种利用短期均线与长期均线之间的聚合与分离状况，对买入卖出时机进行研判的技术指标。

MACD的计算方法如下。

（1）计算12日指数移动平均线（EMA12）：EMA12 =（前一日EMA12 * 11 + 当日收盘价 * 2）/ 13。

（2）计算26日指数移动平均线（EMA26）：EMA26 =（前一日EMA26 * 25 + 当日收盘价 * 2）/ 27。

（3）计算DIF（差离值）：DIF = EMA12 − EMA26。

（4）计算DEA（讯号线）：DEA =（前一日DEA * 8 + DIF * 2）/ 10。

（5）计算MACD柱状图：MACD =（DIF − DEA）* 2。

MACD的主要组成部分包括DIF、DEA和MACD柱状图。其中，DIF代表快线，反映市场的短期趋势；DEA代表慢线，反映市场的中期趋势；MACD柱状图则表示DIF和DEA之间的差距，反映市场的动能。

MACD的主要应用如下。

（1）金叉与死叉：当DIF线上穿DEA线时，称为金叉，表示市场可能由空头转为多头；当DIF线下穿DEA线时，称为死叉，表示市场可能由多头转为空头。金叉和死叉是投资者判断市场趋势的重要信号。

（2）MACD柱状图：当MACD柱状图由负变正，表示市场动能逐渐增强，可能进入上涨阶段；当MACD柱状图由正变负，表示市场动能逐渐减弱，可能进入下跌阶段。

（3）DIF与DEA的交叉：当DIF线上穿DEA线并保持一定距离时，表示市场趋势较强；当DIF线下穿DEA线并保持一定距离时，表示市场趋势较弱。

（4）DIF与DEA的背离：当价格创新高或低而DIF与DEA未能创新高或低时，称为顶背离或底背离，表示市场可能出现反转。

MACD指标图解如图10.1所示。

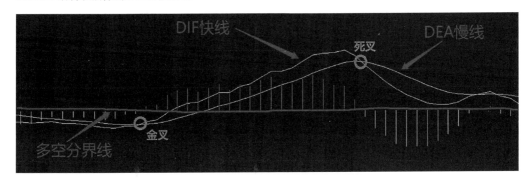

图10.1　MACD指标图解

在下面的示例中，先从指定文件夹里读取万科A股（000002.XSHE）自2022年8月10日到2023年8月10日的历史股票行情的CSV文件。然后定义cal_macd()函数用于计算指数移动平均线（EMA）、DIF、DEA和MACD。最后，使用plot_macd()函数将DIF、DEA和MACD绘制在同一个图表上。具体代码如下。

```python
import pandas as pd
import matplotlib.pyplot as plt
import numpy as np
def cal_macd(df, fastperiod=12, slowperiod=26, signalperiod=9):
    # 计算 12 日指数移动平均线（EMA12）
    ewma12 = df['close'].ewm(span=fastperiod, adjust=False).mean()
    # 计算 26 日指数移动平均线（EMA26）
    ewma26 = df['close'].ewm(span=slowperiod, adjust=False).mean()
    # 计算 DIF（差离值）
    df['dif'] = ewma12 - ewma26
    # 计算 DEA（讯号线）
    df['dea'] = df['dif'].ewm(span=signalperiod, adjust=False).mean()
    # 计算 MACD 柱状图
    df['bar'] = (df['dif'] - df['dea']) * 2
    return df
def plot_macd(file_name):
    df = pd.read_csv(file_name)
    df.columns = ["date","code", "open", "close", "high", "low", "volume",
                  "money"]
    df = df[["date","code", "open", "close", "high", "low", "volume"]]
```

```python
    df_macd = cal_macd(df)
    plt.figure()
    df_macd['dea'].plot(color="red", label='dea')
    df_macd['dif'].plot(color="blue", label='dif')
    plt.legend(loc='best')
    pos_bar = []
    pos_index = []
    neg_bar = []
    neg_index = []
    newdate = []
    for index, row in df_macd.iterrows():
        if (row['bar'] > 0):
            pos_bar.append(row['bar'])
            pos_index.append(index)
        else:
            neg_bar.append(row['bar'])
            neg_index.append(index)
    # 大于 0 用红色表示
    plt.bar(pos_index, pos_bar, width=0.5, color='red')
    # 小于等于 0 则用绿色表示
    plt.bar(neg_index, neg_bar, width=0.5, color='green')
    major_index = df_macd.index[df_macd.index]
    steplong = int(len(major_index)/20)
    newstep = np.arange(0, len(major_index), steplong)
    for i in range(len(newstep)):
        newdate.append(df_macd['date'][newstep[i]])
    plt.xticks(newstep, newdate)
    plt.setp(plt.gca().get_xticklabels(), rotation=45)
    plt.grid(linestyle='-.')
    plt.title('万科 A 股 MACD 图 ')
    plt.rcParams['axes.unicode_minus'] = False
    plt.rcParams['font.sans-serif'] = ['SimHei']
    plt.show()
if __name__ == "__main__":
    # 读取 csv 文件
    file_name = "D:/xx/000002.XSHE.csv"
    plot_macd(file_name)
```

结果如图 10.2 所示。

从图 10.2 中可以看到一些 MACD 指标的辅助信号和策略。以下是一些常见的 MACD 指标辅助信号和策略，可以帮助投资者更准确地判断市场趋势和寻找交易机会。

（1）零轴交叉：当DIF线和DEA线同时上穿零轴或下穿零轴时，称为零轴交叉。零轴交叉通常被认为是一个强烈的买入或卖出信号。当DIF线上穿零轴并保持一定距离时，表示市场可能进入上涨阶段；当DIF线下穿零轴并保持一定距离时，表示市场可能进入下跌阶段。

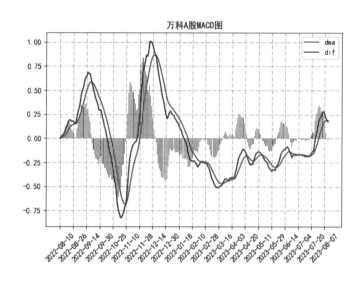

图10.2　万科A股MACD图

（2）信号线交叉：当DIF线上穿DEA线或下穿DEA线时，也被认为是一个买入或卖出信号。与零轴交叉类似，信号线交叉可以作为确认市场趋势的一个依据。

（3）柱状图与零轴的关系：当MACD柱状图位于零轴上方时，表示市场动能较强，可能进入上涨阶段；当MACD柱状图位于零轴下方时，表示市场动能较弱，可能进入下跌阶段。此外，当MACD柱状图由负变正并突破零轴时，被认为是一个买入信号；当MACD柱状图由正变负并跌破零轴时，被认为是一个卖出信号。

（4）背离与背离验证：当价格创新高或低而DIF与DEA未能创新高或低时，称为顶背离或底背离，表示市场可能出现反转。为了提高背离信号的准确性，投资者还可以观察背离后的K线形态和成交量等技术指标，以验证背离信号的有效性。

（5）参数调整：MACD指标的默认参数为12日EMA、26日EMA、9日DEA和2倍权重。然而，不同的市场和投资者可能需要调整这些参数以适应自己的交易风格和风险承受能力。例如，对于短线交易者，可以尝试使用较短的EMA周期，以提高信号的敏感性；对于长线交易者，可以尝试使用较长的EMA周期，以降低信号的噪声。

总之，MACD指标是一种非常实用的技术分析工具，可以帮助投资者判断市场趋势、寻找交易机会和控制风险。然而，与其他技术指标一样，MACD指标并非万能的，投资者在使用时应结合其他技术指标、基本面分析和市场情绪等进行综合判断。

10.4　基于 Matplotlib 实现 KDJ

KDJ指标又称随机指标，是一种常用的技术分析工具，它通过计算一定时期内的最高价、最低价和收盘价之间的相对位置关系来预测价格走势。

KDJ指标主要包括3个部分：K线、D线和J线。其中，K线表示最近一段时间内的价格走势，D线是K线的移动平均线，J线则是K线与D线的差值。这3个指标的取值范围都是0～100。当K线、D线和J线都位于80以上时，表示市场处于超买状态，有可能出现回调；当三者都位于20以下时，表示市场处于超卖状态，有可能出现反弹。

KDJ指标的主要作用是判断市场的超买超卖状态，从而为投资者提供买入或卖出的时机。此外，KDJ指标还可以用于判断市场的强弱，以及寻找市场的支撑位和阻力位。通过对KDJ指标的分析，投资者可以更好地把握市场的波动节奏，提高投资的成功率。

KDJ指标的计算方法如下。

（1）RSV（未成熟随机值）=（收盘价–最近9天的最低价）/（最近9天的最高价–最近9天的最低价）*100。

（2）K值=2/3*前一日K值+1/3*当日RSV。

（3）D值=2/3*前一日D值+1/3*当日K值。

（4）J值=3*当日K值–2*当日D值。

在下面的示例中，先从指定文件夹里读取万科A股（000002.XSHE）自2022年8月10日到2023年8月10日的历史股票行情的CSV文件。然后定义cal_kdj()函数用于计算未成熟随机值（RSV）、K值、D值和J值。最后，使用polt_KDJ()函数将K值、D值和J值绘制在同一个图表上。具体代码如下。

```
import pandas as pd
import matplotlib.pyplot as plt
import numpy as np
def cal_kdj(df):
    low_list = df['low'].rolling(9, min_periods=9).min()
    low_list.fillna(value=df['low'].expanding().min(), inplace=True)
    high_list = df['high'].rolling(9, min_periods=9).max()
    high_list.fillna(value=df['high'].expanding().max(), inplace=True)
    #计算RSV
    rsv = (df['close'] - low_list) / (high_list - low_list) * 100
    #计算K值、D值和J值
    df['k'] = pd.DataFrame(rsv).ewm(com=2).mean()
    df['d'] = df['k'].ewm(com=2).mean()
    df['j'] = 3 * df['k'] - 2 * df['d']
    return df
def polt_KDJ(file_name):
    newdate = []
    df = pd.read_csv(file_name)
    df.columns = ["date","code", "open", "close", "high", "low",
                "volume","money"]
    df = df[["date","code", "open", "close", "high", "low", "volume"]]
```

```python
    df_kdj = cal_kdj(df)
    plt.figure()
    df_kdj['k'].plot(color="red", label='k')
    df_kdj['d'].plot(color="yellow", label='d')
    df_kdj['j'].plot(color="blue", label='j')
    plt.legend(loc='best')
    major_index = df_kdj.index[df_kdj.index]
    steplong = int(len(major_index) / 20)
    newstep = np.arange(0, len(major_index), steplong)
    for i in range(len(newstep)):
        newdate.append(df_kdj['date'][newstep[i]])
    plt.xticks(newstep, newdate)
    plt.setp(plt.gca().get_xticklabels(), rotation=30)
    plt.grid(linestyle='-.')
    plt.title('万科A股KDJ图')
    plt.rcParams['axes.unicode_minus'] = False
    plt.rcParams['font.sans-serif'] = ['SimHei']
    plt.show()
if __name__ == "__main__":
    # 读取csv文件
    file_name = "D:/xx/000002.XSHE.csv"
    polt_KDJ(file_name)
```

结果如图10.3所示。

对KDJ指标的分析包括以下几点。

（1）超买和超卖区域：当K线、D线和J线都高于80时，表示市场处于超买状态，此时可能会出现回调或下跌的情况；当K线、D线和J线都低于20时，表示市场处于超卖状态，此时可能会出现反弹或上涨的情况。因此，投资者可以在超买区域考虑卖出，在超卖区域考虑买入。

（2）金叉和死叉：当K线从

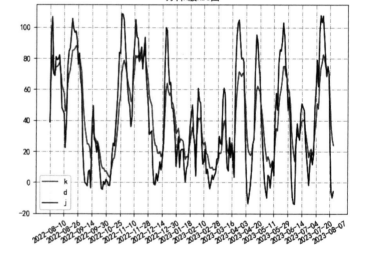

图10.3 万科A股KDJ图

下向上穿过D线时，称为金叉，表示买入信号；当K线从上向下穿过D线时，称为死叉，表示卖出信号。投资者可以根据金叉和死叉来确定买卖时机。

（3）趋势确认：当K线、D线和J线同时向上或向下时，可以确认市场的趋势。如果3条线都在上升，则市场处于上升趋势；如果3条线都在下降，则市场处于下降趋势。

总之，KDJ指标是一种简单易用的技术分析工具，但需要结合其他指标和市场情况进行综合分析与判断。

10.5 基于 Matplotlib 绘制布林带

布林带是由约翰·布林（John Bollinger）发明的一种技术分析工具，用于衡量价格波动性，它由3条线组成：中轨线、上轨线和下轨线。中轨线是N日的移动平均线，上、下轨线则是在中轨线的基础上加减两倍的标准差得出的。

布林带的宽度可以反映市场波动的大小。当价格波动较小时，布林带会变窄；当价格波动较大时，布林带会变宽。因此，布林带可以作为判断市场是否处于震荡状态的重要指标。

布林带还可以用来判断买卖信号。当价格触及上轨线时，表明市场可能过热，存在回调的风险；当价格触及下轨线时，表明市场可能过冷，存在反弹的机会。此外，当价格突破中轨线向上或向下运行时，也表明市场趋势已经形成。

布林带的计算方法如下。

（1）计算标准差：先计算一段时间内（如20天）的收盘价的标准差。标准差是衡量数据离散程度的一个指标，计算公式为：

$$标准差 = \sqrt{\frac{1}{n} \times \sum_{i=1}^{n}(收盘价i - 均值)^2}$$

（2）计算中轨线：中轨线是一段时间内收盘价的简单移动平均线（SMA），通常使用的时间周期与计算标准差的时间周期相同，计算公式为：

$$中轨线 = (收盘价1 + 收盘价2 + \cdots + 收盘价n) \div n$$

（3）计算上轨线和下轨线：上轨线和下轨线分别是在中轨线的基础上加和减两倍的标准差，计算公式为：

$$上轨线 = 中轨线 + 2 \times 标准差$$

$$下轨线 = 中轨线 - 2 \times 标准差$$

通过以上计算，我们可以得到布林带的3条线：中轨线、上轨线和下轨线。布林带的宽度表示了价格波动的范围，当价格触及或突破上轨线时，预示着价格有上涨的趋势；当价格触及或突破下轨线时，预示着价格有下跌的趋势。同时，布林带还可以作为交易信号，比如当价格触及或突破上轨线时，可以考虑卖出；当价格触及或突破下轨线时，可以考虑买入。

在下面的示例中，先从指定文件夹里读取万科A股（000002.XSHE）自2022年8月10日到2023年8月10日的历史股票行情的CSV文件。然后定义cal_boll()函数用于计算中轨线、标准差、上轨线和下轨线。最后，使用polt_Boll()函数将收盘价、中轨线、上轨线和下轨线绘制在同一个图表上。具体代码如下。

```python
import numpy as np
from matplotlib.pyplot import show
import matplotlib.pyplot as plt
plt.rcParams['axes.unicode_minus'] = False
plt.rcParams['font.sans-serif'] = ['SimHei']
def cal_boll(c):
    N = 5
    weights = np.ones(N) / N
    # 计算中轨线：N日的移动平均线
    sma = np.convolve(weights, c)[N - 1:-N + 1]
    deviation = []
    C = len(c)
    for i in range(N - 1, C):
        if i + N < C:
            dev = c[i: i + N]
        else:
            dev = c[-N:]
        averages = np.zeros(N)
        averages.fill(sma[i - N - 1])
        dev = dev - averages
        dev = dev ** 2
        dev = np.sqrt(np.mean(dev))
        deviation.append(dev)
    # 计算标准差
    deviation = 2 * np.array(deviation)
    # 计算上轨线
    upperBl = sma + deviation
    # 计算下轨线
    lowerBl = sma - deviation
    c_slice = c[N - 1:]
    between_bands = np.where((c_slice < upperBl) & (c_slice > lowerBl))
    between_bands = len(np.ravel(between_bands))
    print("Ratio between bands", float(between_bands) / len(c_slice))
    t = np.arange(N - 1, C)
    return t,c_slice,sma,upperBl,lowerBl
def polt_Boll(file_name):
    # 绘制布林带
```

```
        c = np.loadtxt(file_name, delimiter=',', usecols=(3,), skiprows=1,
                    unpack=True)
        t,c_slice,sma,upperBl,lowerBl = cal_boll(c)
        plt.title('万科A股布林带')
        plt.plot(t, c_slice, lw=1.0, label='收盘价')
        plt.plot(t, sma, lw=2.0, label='中轨线')
        plt.plot(t, upperBl, lw=3.0, label='上轨线')
        plt.plot(t, lowerBl, lw=4.0, label='下轨线')
        plt.legend()
        show()
if __name__ == "__main__":
    # 读取 csv 文件
    file_name = "D:/xx/000002.XSHE.csv"
    polt_Boll(file_name)
```

结果如图 10.4 所示。

从图 10.4 中可以判断出如下内容。

（1）市场趋势：当价格持续位于上轨线和中轨线之间时，表明市场处于上涨趋势；当价格持续位于下轨线和中轨线之间时，表明市场处于下跌趋势；当价格触及或突破上轨线时，可能预示着价格的上涨趋势即将结束；当价格触及或突破下轨线时，可能预示着价格的下跌趋势即将结束。

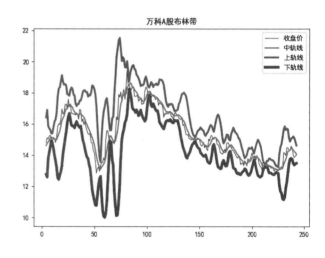

图 10.4　万科 A 股布林带

（2）识别支撑位和阻力位：布林带的上轨线和下轨线可以作为潜在的支撑位和阻力位。当价格触及或突破上轨线时，可能遇到卖出压力，导致价格回落；当价格触及或突破下轨线时，可能遇到买入支持，导致价格反弹。

（3）交易信号：布林带可以作为交易信号的辅助工具。例如，当价格触及或突破上轨线时，可以考虑卖出；当价格触及或突破下轨线时，可以考虑买入。此外，还可以关注价格与布林带之间的关系，如价格在布林带内部波动时，表示市场可能进入震荡期；当价格连续多次触及或突破上轨线或下轨线时，表示市场可能出现极端波动。

（4）结合其他技术指标：布林带可以与其他技术指标（如移动平均线、相对强弱指标等）结合使用，以提高交易的准确性。例如，当价格与移动平均线构成金叉或死叉时，结合布林带的位置，可以更好地判断市场的短期走势。

（5）调整布林带参数：布林带的计算参数（如时间周期、标准差的倍数等）可以根据投资者的交易风格和市场特点进行调整。例如，对于短线交易者，可以选择较短的时间周期和较小的标准差倍数，以捕捉市场的短期波动；对于长线交易者，可以选择较长的时间周期和较大的标准差倍数，以观察市场的整体趋势。

总之，布林带作为一种实用的技术分析工具，可以帮助投资者更好地判断市场趋势、识别支撑位和阻力位、制定交易策略等。然而，需要注意的是，任何技术指标都不能保证100%的准确性，投资者在使用布林带时，还需要结合其他信息和自己的判断，谨慎决策。

10.6 小结

本章主要介绍了如何使用Matplotlib库进行股票技术分析。通过聚宽数据服务商提供的API接口获取了股票历史数据，并对数据进行了预处理，包括数据清洗、缺失值处理等，将处理后的数据存储在CSV文件中，以便于后续分析和可视化。

在实现MACD指标的过程中，先导入了所需的库，并定义了计算MACD指标所需的函数。然后使用Matplotlib绘制了股票价格和MACD指标线，并对指标线进行了优化处理。最后计算了MACD指标的数值，并将其添加到图表中。

在实现KDJ指标的过程中，同样先导入了所需的库，并定义了计算KDJ指标所需的函数。接下来使用Matplotlib绘制了K线、D线和J线，并对图表进行了优化处理。最后计算了KDJ指标的数值，并将其添加到图表中。

在绘制布林带的过程中，还是先导入所需的库，并定义了计算布林带所需的函数。然后使用Matplotlib绘制了股票价格的中轨线、上轨线和下轨线，并对轨道进行了优化处理。最后计算了布林带指标的数值，并将其添加到图表中。

通过学习本章的内容，读者可以掌握如何使用Matplotlib进行股票技术分析。在实际应用中，投资者可以根据这些技术指标来预测股票价格的走势，从而制定相应的投资策略。需要注意的是，本章仅提供了基本的实现方法，读者可以根据自己的需求对代码进行优化和扩展。

第11章
量化交易策略实战案例

本章导读

本章旨在通过实战案例,探讨低估值量化交易策略、大小盘轮动策略及逆三因子量化交易策略在实战中的应用,以期为投资者提供有益的参考。

知识要点

- 低估值量化交易策略实战:介绍低估值量化交易策略的优势、实施方法、优化与调整等,并对示例进行回测分析,旨在评估低估值量化交易策略的有效性和稳定性,并对其产生的数据进行分析。
- 大小盘轮动策略实战:介绍大小盘轮动策略的优势、实施方法,并对示例进行回测分析,旨在评估大小盘轮动策略的有效性和稳定性,并对其产生的数据进行分析。
- 逆三因子量化交易策略实战:介绍逆三因子量化交易策略的优势、实施方法、优化与调整,并对示例进行回测分析,旨在评估逆三因子量化交易策略的有效性和稳定性,并对其产生的数据进行分析。

11.1 低估值量化交易策略实战

低估值量化交易策略是一种以股票的估值水平为基础,通过量化分析和统计模型来识别被低估的股票,并利用其被低估的价值进行交易的投资策略。该策略的核心思想是寻找市场中价格低于其内在价值的股票,通过买入低估股票并等待其价值回归,从而实现投资收益。

1. 采用低估值量化交易策略的优势

低估值量化交易策略的优势在于，它能够帮助投资者在市场中寻找被低估的股票，并提供一种相对稳健的投资方法。具体表现如下。

（1）价值回归：股票市场中的股票价格往往会受到市场情绪、宏观经济等因素的影响，而短期内可能会出现偏离其内在价值的情况。然而，从长期来看，股票价格往往会回归到其内在价值附近。因此，通过寻找低估的股票，投资者可以期待价值回归带来的收益。

（2）风险相对较低：低估值量化交易策略关注的是股票的估值水平，而非市场情绪或宏观经济因素。因此，该策略相对稳健，能够在市场波动较大时减少投资者面临的风险。

（3）可靠性较高：低估值量化交易策略基于统计模型和量化分析，能够减少投资者主观判断对投资决策的影响。通过模型的选择和优化，可以提高策略的可靠性。

2. 实施低估值量化交易策略的方法

实施低估值量化交易策略的主要步骤如下。

（1）数据收集：收集股票市场中的股票价格、估值指标（如市盈率、市净率等）、财务指标等相关数据。

（2）模型构建：根据低估值量化交易策略的思想，选取合适的估值指标和财务指标，构建量化模型。模型可以是基于历史数据的技术分析模型，也可以是基于市场理论的统计模型。通过模型，可以评估股票的估值水平和潜在投资价值。

（3）股票筛选：利用构建的模型，对市场中的股票进行筛选，识别出被低估的股票。可以设定一些估值指标和财务指标，进一步缩小筛选范围。

（4）交易执行：对于筛选出的低估股票，制订具体的交易计划。可以根据市场情况和个人风险偏好，选择合适的交易策略，如逢低买入、分批建仓等。

（5）风险管理：在实施低估值量化交易策略时，需要注意风险管理。可以设定一些止损点和止盈点，以控制潜在亏损和锁定收益。

3. 低估值量化交易策略的优化与调整

为了提高低估值量化交易策略的效果，可以对其进行优化和调整。以下是一些建议。

（1）模型选择与优化：可以根据市场情况和数据特点，尝试不同的估值指标和财务指标，构建适合的模型。同时，可以对模型进行优化，提高其准确性和可靠性。

（2）筛选条件调整：可以根据市场情况和自己的投资偏好，调整筛选条件，以适应市场的变化。

（3）交易策略调整：可以根据市场情况和自己的风险偏好，调整交易策略，如调整买入点、卖出点等。

（4）风险管理优化：可以结合市场情况和自己的风险承受能力，优化风险管理策略，如调整止损点、止盈点等。

4. 低估值量化交易策略的算法

（1）市净率小于1。

（2）考虑其财务状况：负债比例低于市场平均值。

（3）企业的流动资产至少是流动负债的1.2倍，表示有能力还款。

（4）每月调仓一次，保持整体仓位的健康。

（5）整个市场的大盘环境可以作为风控止损，比如可加入止损点（10天沪深300跌幅达10%清仓），跌幅比例可以根据自己的经验进行调整。

低估值量化交易策略的代码如下。

```
'''
1. 市净率小于1
2. 负债比例低于市场平均值
3. 企业的流动资产至少是流动负债的1.2倍
4. 每月调仓一次
5. 可加入止损点(10天沪深300跌幅达10%清仓)
'''
import jqdata
# 初始化函数，设定要操作的股票、基准等
def initialize(context):
    # 设定指数
    g.stockindex = '000300.XSHG'
    # 设定沪深300作为基准
    set_benchmark('000300.XSHG')
    #True 为开启动态复权模式，使用真实价格交易
    set_option('use_real_price', True)
    # 设定成交量比例
    set_option('order_volume_ratio', 1)
    # 股票类交易的手续费是：买入时，万分之三的佣金；卖出时，万分之三的佣金加千分之一的印花税，
    #                                                       每笔交易佣金最低扣5元
    set_order_cost(OrderCost(open_tax=0, close_tax=0.001, \
                             open_commission=0.0003, close_commission=0.0003, \
                             close_today_commission=0, min_commission=5),
                             type='stock')
    # 最大持仓数量
    g.stocknum = 5
    # 自动设定调仓月份（如需使用自动，注销下段）
    f = 12    # 调仓频率
    g.Transfer_date = list(range(1, 13, 12 // f))
    # 根据大盘止损
    run_daily(broader_stoploss, time='open')
    # 按月调用程序
    run_monthly(trade, monthday=20, time='open')
    # 选股函数
    def check_stocks(context):
```

```python
    # 获取沪深成分股
    security = get_index_stocks(g.stockindex)
    Stocks = get_fundamentals(query(
        valuation.code,
        valuation.pb_ratio,
        balance.total_assets,
        balance.total_liability,
        balance.total_current_assets,
        balance.total_current_liability
    ).filter(
        valuation.code.in_(security),
        valuation.pb_ratio < 1,    # 市净率小于1
        balance.total_current_assets / balance.total_current_liability > 1.2
# 流动资产至少是流动负债的1.2倍
    ))
    # 计算股票的负债比例
    Stocks['Debt_Asset'] = Stocks['total_liability'] / Stocks['total_assets']
    # 获取负债比率的市场均值
    me = Stocks['Debt_Asset'].median()
    # 获取满足上述条件的股票列表
    Codes = Stocks[Stocks['Debt_Asset'] < me].code
    return list(Codes)
# 根据大盘止损，具体用法详见bm_stoploss()函数说明
def broader_stoploss(context):
    stoploss = bm_stoploss(kernel=2, n=3, threshold=0.1)
    if stoploss:
        if len(context.portfolio.positions) > 0:
            for stock in list(context.portfolio.positions.keys()):
                order_target(stock, 0)
# 大盘止损函数
def bm_stoploss(kernel=2, n=10, threshold=0.03):
    '''
    方法1：当大盘n日均线（默认60日）与昨日收盘价构成"死叉"，则发出True信号
    方法2：当大盘n日内跌幅超过阈值，则发出True信号
    '''
    # 止损方法1：根据大盘指数N日均线进行止损
    if kernel == 1:
        t = n + 2
        hist = attribute_history('000300.XSHG', t, '1d', 'close',
                                 df=False)
        temp1 = sum(hist['close'][1:-1]) / float(n)
        temp2 = sum(hist['close'][0:-2]) / float(n)
```

```
            close1 = hist['close'][-1]
            close2 = hist['close'][-2]
            if (close2 > temp2) and (close1 < temp1):
                return True
            else:
                return False
        # 止损方法 2：根据大盘指数跌幅进行止损
        elif kernel == 2:
            hist1 = attribute_history('000300.XSHG', n, '1d', 'close',
                                     df=False)
            if ((1 - float(hist1['close'][-1] / hist1['close'][0])) >=
               threshold):
                return True
            else:
                return False
# 交易函数
def trade(context):
        # 获取当前月份
        months = context.current_dt.month
        # 如果当前月为交易月
        if months in g.Transfer_date:
            # 获得 Buylist
            Buylist = check_stocks(context)
            # 卖出
            if len(context.portfolio.positions) > 0:
                for stock in context.portfolio.positions.keys():
                    if stock not in Buylist:
                        order_target(stock, 0)
            # 分配资金
            if len(context.portfolio.positions) < g.stocknum:
                Num = g.stocknum - len(context.portfolio.positions)
                Cash = context.portfolio.cash / Num
            else:
                Cash = 0
            # 买入
            if len(Buylist) > 0:
                for stock in Buylist:
                    if stock not in context.portfolio.positions.keys():
                        order_value(stock, Cash)
        else:
            return
```

单击"运行回测"按钮，如图 11.1 所示。

图11.1 单击"运行回测"按钮

策略结果如图11.2所示。

图11.2 低估值量化交易策略回测结果

本回测分析旨在评估低估值量化交易策略的有效性和稳定性,并对其产生的数据进行分析。以下是对图11.2所示的策略结果的详细分析。

(1)策略收益分析:策略收益为12.3%,这意味着在回测期间,策略所持有的股票组合相对于基准组合取得了12.3%的超额收益。这一收益水平相对较高,表明该策略在所选时间段内具有较好的盈利能力。

(2)策略年化收益分析:策略年化收益为10.12%,这一指标考虑了策略在一年内的收益表现。相较于基准收益的–18%,策略年化收益明显更高,说明该策略能够在较长时间内实现稳定收益。

(3)阿尔法和贝塔分析:阿尔法为0.172,表示策略的超额收益与市场整体收益之间的关系。贝塔为0.577,反映了策略收益与市场波动的关系。这两个指标均表明该策略在一定程度上能够超越市场平均水平,并具有一定的市场风险敞口。

(4)夏普比率分析:夏普比率为0.369,这一指标衡量了策略收益与额外承担风险的比例。夏普比率较高,说明策略在承担一定风险的情况下,能够获得较好的收益。

(5)胜率和盈亏比分析:胜率为0.769,表示在回测期间,策略交易的成功率较高。盈亏比为2.002,表明策略在盈利交易中获得的收益是亏损交易中损失的收益的两倍左右,说明该策略在盈利交易上具有较强的盈利能力。

(6)最大回撤和索提诺比率分析:最大回撤为10.95%,表示策略在回测期间所承受的最大损失。索提诺比率为0.518,衡量了策略在承担风险时的收益表现。这两个指标说明该策略具有一定的风险控制能力。

(7)策略波动率和基准波动率分析:策略波动率为0.166,基准波动率为0.192,这两个指标反映了策略和基准组合的收益波动情况。策略波动率较低,说明该策略在一定程度上能够降低投资组合的波动风险。

综合以上分析指标，低估值量化交易策略在回测期间表现出了较好的效果。但投资者在实际应用策略时，需要考虑到市场的变化和不确定性，以及策略在不同市场环境下的适应性，同时根据自身的风险偏好和投资目标，对策略进行适当的调整和优化。

11.2 大小盘轮动策略实战

大小盘轮动策略是一种基于市场趋势的投资策略，其中"大盘"代表占市场总量约20%的大盘权重股，而"中小盘"则代表占市场总量约80%的中小盘股票。该策略通过在大盘股和中小盘股之间轮动，以适应市场的变化，从而实现投资收益的最大化。

1. 采用大小盘轮动策略的优势

大小盘轮动策略基于动量效应，即股票的收益率有延续原来运动方向的趋势。过去一段时间收益率较高的股票，在未来的收益率仍有可能高于过去收益率较低的股票。因此，通过追涨杀跌的方式，投资者可以在一定程度上解决买什么、什么时候买等一系列投资痛点。

2. 实施大小盘轮动策略的方法

实施大小盘轮动策略的主要步骤如下。

（1）选择代表大盘权重股和中小盘股票的指数：一般以沪深300指数作为大盘权重股的代表，中证500指数作为中小盘股票的代表。

（2）判断市场趋势：通过对比当日收盘数据与20个交易日前的收盘数据，选择涨幅较大的指数作为下一个交易日的投资标的。

（3）切换投资标的：在下一个交易日收盘时，将投资组合切换至涨幅较大的指数。

（4）动态调整：根据市场情况，定期对投资组合进行调整，以适应市场变化。

大小盘轮动策略的代码如下。

```
# 大小盘轮动策略
# 导入函数库
from jqdata import *
from datetime import datetime
import math
import pandas as pd
import statsmodels.api as sm
import numpy as np
strBig='000300.XSHG'
strSmall='399006.XSHE'
strMarket='000047.XSHG'
index=[strBig,strSmall,strMarket]
```

```python
etfBig='510300.XSHG'
etfSmall='159915.XSHE'
g.result={etfBig:0,etfSmall:0}
# 获取当日信号
def get_signal(tradeDate):
    start_date=datetime.strptime(tradeDate,'%Y-%m-%d')-timedelta(days=1000)
    start_date=start_date.strftime('%Y-%m-%d')
    # 获取数据
    data=get_price(index, start_date=start_date, end_date=tradeDate,
        frequency='daily', fields='close', fq='pre')['close']
    data=data/data.shift(250)
    data.dropna(inplace=True)
    # 计算 RS
    for c in data.columns:
        if c!=strMarket:
            data[c]=data[c]-data[strMarket]+1
    data=data.drop(strMarket,1)
    for c in data.columns:
        data[c]=data[c].apply(lambda x:math.log(x,10))
    # 计算 RS 的 HP 滤波
    diff=data[strBig]-data[strSmall]
    cycle, trend = sm.tsa.filters.hpfilter(diff, lamb=10000)
    # 计算前 20 个数据的一阶导数及二阶导数
    t1=[]
    for pos in range(-20,0):
        X=list(np.arange(20))
        X=sm.add_constant(X)
        est=sm.OLS(trend.iloc[pos-20:pos],X)
        est=est.fit()
        t1.append(est.params['x1'])# 一阶导数
    X=list(np.arange(20))
    X=sm.add_constant(X)
    est1=sm.OLS(t1,X)
    est1=est1.fit()
    t2=est1.params[1]# 二阶导数
    result={}
    # 通过四象限结果计算交易信息，推导持仓比例
    if t1[-1]>0 and t2>0:
        result[etfBig]=1
        result[etfSmall]=0
    if t1[-1]>0 and t2<0:
        result[etfBig]=0.5
```

```
        result[etfSmall]=0.5
    if t1[-1]<0 and t2>0:
        result[etfBig]=0.5
        result[etfSmall]=0.5
    if t1[-1]<0 and t2<0:
        result[etfBig]=0
        result[etfSmall]=1
    return result
# 初始化函数，设定基准等
def initialize(context):
    # 设定沪深 300 作为基准
    set_benchmark('000300.XSHG')
    # 开启动态复权模式（真实价格）
    set_option('use_real_price', True)
    # 输出内容到日志 log.info()
    log.info(' 初始函数开始运行且全局只运行一次 ')
    ### 股票相关设定 ###
    #股票类每笔交易的手续费是：买入时，万分之三的佣金；卖出时，万分之三的佣金加千分之一的印
                                                    花税，每笔交易佣金最低扣5元
    set_order_cost(OrderCost(close_tax=0.001, open_commission=0.0003, close_
                commission=0.0003, min_commission=5), type='stock')
    run_monthly(market_open,monthday=1)
# 开盘时运行函数
def market_open(context):
    result=get_signal(context.previous_date.strftime('%Y-%m-%d'))
    if not(g.result[etfBig]==result[etfBig] and
        g.result[etfSmall]==result[etfSmall]):
        order_target_value(etfBig,0)
        order_target_value(etfSmall,0)
        cash = context.portfolio.available_cash
        order_target_value(etfBig,result[etfBig]*cash)
        order_target_value(etfSmall,result[etfSmall]*cash)
        g.result=result
```

单击"运行回测"按钮，如图11.3所示。

图11.3　单击"运行回测"按钮

策略结果如图11.4所示。

图11.4　大小盘轮动策略回测结果

本回测分析旨在评估大小盘轮动策略的有效性和稳定性，并对其产生的数据进行分析。以下是对图11.4所示的策略结果的详细分析。

（1）收益分析：策略收益为9.42%，策略年化收益为9.7%，显著高于基准收益–5.2%，这表明该策略能够在不同市场环境下实现稳健的收益。

（2）风险分析：策略波动率为0.235，高于基准波动率0.185，这表明该策略在追求收益的同时，也承担了较高的风险。最大回撤为18.17%，这说明该策略在过去曾出现较大幅度的亏损，但随后能够反弹。

（3）风险调整收益分析：夏普比率为0.242，索提诺比率为0.371，这两个指标均表明该策略在风险调整后的收益表现良好。

（4）胜率和盈亏比：胜率为0.7，盈亏比为1.438，这说明该策略在历史交易中，盈利次数多于亏损次数，且盈利时的收益幅度大于亏损时的损失幅度。

（5）阿尔法和贝塔：阿尔法为0.158，贝塔为1.085，这两个指标表明该策略在一定程度上能够超越市场平均水平，且具有较好的市场敏感性。

（6）策略优缺点分析：优点是收益稳健，风险调整后的收益表现良好，胜率和盈亏比均较高，具有一定的市场敏感性；缺点是波动率较高，最大回撤较大，这表明该策略在过去可能出现过较大的亏损。

（7）策略适用性分析：该策略适用于市场风格轮动的环境，当大盘股和小盘股之间存在明显的相对强弱关系时，其表现较好。而且该策略适用于风险承受能力较高的投资者，因为其在追求收益的同时，也承担了较高的风险。

综上所述，大小盘轮动策略在2021年的表现较好，具备一定的投资价值。在未来的投资过程中，投资者可根据自身风险承受能力和市场环境，适当配置该策略。

11.3　逆三因子量化交易策略实战

逆三因子量化交易策略是一种基于市场因子逆向投资的方法。传统的多因子选股策略通常关注较高市值、较低账面市值比和较低市盈率等因子,以寻找具有潜在超额收益的股票。而逆三因子策略则是基于市场因子的反向思维,通过选择具有较低市值、较高账面市值比和较高市盈率的股票,以实现投资收益。

1. 采用逆三因子量化交易策略的优势

逆三因子量化交易策略的优势在于,其逆向投资的思维方式能够在市场变化中寻找被忽视的机会。具体表现如下。

(1)市场效率:股票市场通常是相对高效的,大多数股票的价格已经反映了市场预期和基本面信息。因此,通过逆向思维寻找被市场忽视的股票,有可能获得超额收益。

(2)投资者行为:投资者往往会受到市场情绪和个人偏见的影响,导致某些股票被过度追捧或被忽视。逆三因子策略通过选择被市场忽视的股票,可以减少投资者行为对投资决策的影响。

(3)风险分散:逆三因子策略选择的股票通常具有较低的市场因子暴露,能够实现投资组合的多样性,降低风险。

2. 实施逆三因子量化交易策略的方法

实施逆三因子量化交易策略的主要步骤如下。

(1)数据收集:收集股票市场中的股票价格、估值指标(如市盈率、市净率等)、财务指标等相关数据。

(2)因子选择:根据逆三因子量化交易策略的思想,选取合适的市值、账面市值比和市盈率等因子作为逆向投资的依据。

(3)股票筛选:利用选取的因子,对市场中的股票进行筛选,识别出具有较低市值、较高账面市值比和较高市盈率的股票。可以设定一些条件,进一步缩小筛选范围。

(4)交易执行:对于筛选出的股票,制订具体的交易计划。可以根据市场情况和个人风险偏好,选择合适的交易策略,如逢低买入、分批建仓等。

(5)风险管理:在实施逆三因子量化交易策略时,需要注意风险管理。可以设定一些止损点和止盈点,以控制潜在亏损和锁定收益。

3. 逆三因子量化交易策略的优化与调整

为了提高逆三因子量化交易策略的效果,可以对其进行优化和调整,以下是一些建议。

(1)因子选择优化:可以根据市场情况和数据特点,尝试不同的市值、账面市值比和市盈率等因子,构建合适的逆向投资策略。

(2)筛选条件调整:可以根据市场情况和自己的投资偏好,调整筛选条件,以适应市场的变化。

(3)交易策略调整:可以根据市场情况和自己的风险偏好,调整交易策略,如调整买入点、卖出点等。

(4)风险管理优化:可以结合市场情况和自己的风险承受能力,优化风险管理策略,如调整止损点、止盈点等。

逆三因子量化交易策略的代码如下。

```python
# 逆三因子量化交易策略
# 导入函数库
from jqdata import *
from jqlib.alpha191 import *
from jqfactor import get_factor_values
import pandas as pd
import numpy as np
from jqfactor import standardlize,winsorize
# 初始化函数
def initialize(context):
    # 设定基准
    set_benchmark('000300.XSHG')
    # 开启动态复权模式
    set_option('use_real_price',True)
    # 输入日志
    log.info(' 初始函数开始运行且全局只运行一次 ')
    g.securities = []
    g.stock_list = []
    """
    设定股票交易费
    买入时，万分之三的佣金
    卖出时，万分之三的佣金加千分之一的印花税
    每笔交易佣金最低扣 5 元
    """
    set_order_cost(OrderCost(close_tax=0.001,
        open_commission=0.0003,close_commission=0.0003,
        min_commission=5),type='stock')
    # 开盘前运行
    run_daily(before_market_open,time='before_open',
            reference_security='000300.XSHG')
    # 开盘时运行
    run_daily(market_open,time='open',reference_security='000300.XSHG')
    # 收盘后运行
    run_daily(after_market_close,time='after_close',
            reference_security='000300.XSHG')
# 开盘前运行函数
def before_market_open(context):
    # 每月第一个交易日
    if context.current_dt.month != context.previous_date.month:
```

```python
# 获取全市场股票，过滤 ST
stocks = list(get_all_securities(types=['stock'],
                date=context.current_dt).index)
stocks_st = pd.DataFrame()
stocks_st['stocks'] = stocks
stocks_st['st'] = get_extras('is_st',stocks,
                            end_date=context.previous_date,
                            count=1).iloc[0,:].values
stocks_1 = list(stocks_st.loc[stocks_st.st==0,'stocks'].values)
# 获取 size 因子，标准化并去尾
size_0 = get_factor_values(stocks_1,['size'],end_date=context.
                            previous_date,count=1)
sizes = size_0['size']
stock_pd = pd.DataFrame()
stock_pd['stocks'] = sizes.columns
stock_pd['size'] = winsorize(standardlize(sizes.iloc[0,:].
                values,inf2nan=True,axis=1),\
                qrange=[0.05,0.93],inclusive=True,
                inf2nan=True,axis=1)
stock_pd.sort_values(by='size',ascending=True,inplace=True)
stock_list = list(stock_pd.iloc[:200,:].stocks.values)
g.stock_list = stock_list
# 计算全市场逆三因子
stocks = g.stock_list
bp0 = get_factor_values(stocks,['residual_volatility',
                        'VROC12','size'],
                        end_date=context.previous_date,\
                        count=1)
bp = bp0['size']
res = bp0['residual_volatility']
vroc = bp0['VROC12']
vroc.fillna(0,inplace=True)
bp2 = pd.DataFrame()
bp2['stocks'] = bp.columns
# 标准化并去尾逆三因子，计算 zscore
bp2['size'] = winsorize(standardlize(bp.iloc[0,:].
            values,inf2nan=True,axis=1),\
            qrange=[0.05,0.93],inclusive=True,inf2nan=True,
            axis=1)
bp2['residual_volatility'] = winsorize(standardlize(
                            res.iloc[0,:].values,
```

```
                            inf2nan=True,axis=1),\
                            qrange=[0.05,0.93],
                            inclusive=True,inf2nan=True,
                            axis=1)
    bp2['VROC12'] = winsorize(standardlize(vroc.iloc[0,:].
                    values,inf2nan=True,axis=1),\
                    qrange=[0.05,0.93],inclusive=True,
                    inf2nan=True,axis=1)
    bp2['zscore'] = bp2['residual_volatility'] + bp2['VROC12'] +
                    bp2['size']
    # 获取排名前 50 的股票
    bp2.sort_values(by='zscore',ascending=True,inplace=True)
    bp2 = bp2.iloc[:50,:]
    g.securities = list(bp2.stocks.values)
# 开盘时运行函数
def market_open(context):
    securities = g.securities
    # 根据逆三因子的结果进行交易
    for security in context.portfolio.positions:
        if security not in set(securities):
            order_target(security,0)
    cash = context.portfolio.available_cash
    for security in securities:
        if context.portfolio.positions[security].closeable_amount == 0 :
            order_value(security, cash/50)
# 收盘后运行函数
def after_market_close(context):
    # 输出每日成交记录
    trades = get_trades()
    for _trade in trades.values():
        log.info(' 成交记录: '+str(_trade))
    log.info(' 一天结束 ')
```

单击"运行回测"按钮，如图 11.5 所示。

图 11.5　单击"运行回测"按钮

策略结果如图11.6所示。

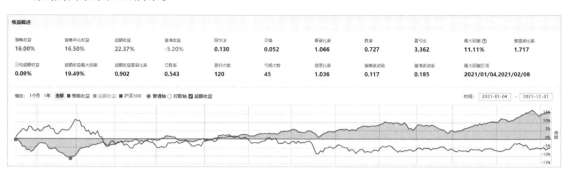

图11.6　逆三因子量化交易策略回测结果

本回测分析旨在评估逆三因子量化交易策略的有效性和稳定性，并对其产生的数据进行分析。以下是对图11.6所示的策略结果的详细分析。

（1）收益分析：该策略在2021年实现了16%的策略收益，明显优于基准收益-5.2%，这表明该策略在选股方面具有较强的优势，能够在市场中找到具有较高收益的股票。同时，该策略年化收益为16.5%，说明其具有较高的收益持续性。

（2）风险分析：该策略的最大回撤为11.11%，这说明该策略曾出现较大幅度的亏损，但随后能够反弹。此外，策略波动率为0.117，低于基准波动率0.185，这说明该策略能够降低投资组合的波动性。

（3）稳定性分析：胜率为0.727，盈亏比为3.362，这说明该策略在大部分时间内能够正确判断市场走势，具有较强的稳定性。同时，索提诺比率为1.717，这表明该策略在风险调整后的收益表现较好。

（4）性能指标分析：阿尔法为0.13，贝塔为0.052，夏普比率为1.066，这些指标说明该策略在收益和风险方面均优于基准。尤其是夏普比率，这表明该策略在每承受1单位总风险的情况下，能获得1.066单位的超额收益。

综上所述，逆三因子量化交易策略在2021年的回测表现良好，在风险控制方面也表现较好。与其他策略相比，逆三因子策略在收益和风险方面具有优势。因此，该策略具有一定的有效性和适用性，值得投资者关注和参考。然而，投资者在实际应用策略时，还需根据市场情况和自身风险承受能力进行调整和优化。

11.4　小结

本章探讨了3种量化交易策略：低估值量化交易策略、大小盘轮动策略和逆三因子量化交易策略。通过了解这些策略，以及详细分析它们在实际交易中的运行回测结果，我们可以更深入地理解这些策略的原理和效果。

低估值量化交易策略是基于价值投资的原理，通过寻找市场上被低估的股票进行投资，以期获得稳定的收益。在实战中，这种策略表现出了较好的稳定性和收益，但可能需要较长的持有期。

大小盘轮动策略是根据市场情绪和宏观经济环境的变化，在大盘股和小盘股之间进行轮动投资。这种策略能够较好地适应市场的变化，但在实际操作中需要准确判断市场环境和轮动时机。

逆三因子量化交易策略通过逆向选择，寻找具有较低市值、较高账面市值比和较高市盈率的股票，从而实现超额收益。这种策略在回测中表现出了较好的收益和风险控制能力。

从回测结果的分析中可以看到，这些策略在不同的市场环境下都有不同程度的收益。低估值量化交易策略和逆三因子量化交易策略在收益方面表现出色，而大小盘轮动策略则在适应市场变化方面有优势。

总的来说，这些量化交易策略都具有一定的有效性和实用性，但投资者在实际操作中需要结合自身的风险承受能力和市场环境进行选择和调整。此外，投资者还需要对策略的原理和运行机制有深入的理解，才能更好地运用这些策略。

在未来的研究中，我们可以进一步优化和改进这些策略，以提高它们在实际交易中的效果。同时，也可以尝试将不同的策略进行组合，以期获得更好的收益和风险控制效果。